Pesquisa em geografia
guia de estudos

Pesquisa em geografia
guia de estudos

Eloisa Maieski Antunes
Larissa Warnavin

Rua Clara Vendramin, 58 . Mossunguê . CEP 81200-170 . Curitiba . PR . Brasil
Fone: (41) 2106-4170 . www.intersaberes.com . editora@intersaberes.com

Conselho editorial
Dr. Alexandre Coutinho Pagliarini
Drª Elena Godoy
Dr. Neri dos Santos
Dr. Ulf Gregor Baranow

Editora-chefe
Lindsay Azambuja

Gerente editorial
Ariadne Nunes Wenger

Assistente editorial
Daniela Viroli Pereira Pinto

Preparação de originais
Camila Cristiny da Rosa

Edição de texto
Caroline Rabelo Gomes
Monique Francis Fagundes Gonçalves
Palavra do Editor

Capa
Iná Trigo (*design*)
AnnaKu, iadams e Omeris/
Shutterstock (imagem)

Projeto gráfico
Mayra Yoshizawa

Diagramação
Estúdio Nótua

Designer responsável
Iná Trigo

Iconografia
Regina Claudia Cruz Prestes
Sandra Lopis da Silvera

Dados Internacionais de Catalogação na Publicação (CIP)
(Câmara Brasileira do Livro, SP, Brasil)

1ª edição, 2022.

Foi feito o depósito legal.

Informamos que é de inteira responsabilidade das autoras a emissão de conceitos.

Nenhuma parte desta publicação poderá ser reproduzida por qualquer meio ou forma sem a prévia autorização da Editora InterSaberes.

A violação dos direitos autorais é crime estabelecido na Lei n. 9.610/1998 e punido pelo art. 184 do Código Penal.

Antunes, Eloisa Maieski
    Pesquisa em geografia: guia de estudos/Eloisa Maieski Antunes, Larissa Warnavin. Curitiba: InterSaberes, 2022.

    Bibliografia.
    ISBN 978-65-5517-216-4

    1. Geografia – Estudo e ensino 2. Geografia – Pesquisa 3. Geografia – Metodologia I. Warnavin, Larissa. II. Título.

22-104367   CDD-910.7

Índices para catálogo sistemático:
1. Geografia: Pesquisa   910.7

Cibele Maria Dias - Bibliotecária - CRB-8/9427

Sumário

Apresentação | 13
Como aproveitar ao máximo este livro | 15
Introdução | 19

1. Estratégias de pesquisa em geografia | 25
   - 1.1 Senso comum e conhecimento científico | 28
   - 1.2 Método científico | 36
   - 1.3 Pesquisa quantitativa e pesquisa qualitativa | 55
   - 1.4 Pesquisa em geografia: questões conceituais | 58

2. Representação de dados estatísticos na geografia humana | 75
   - 2.1 Evolução das informações geográficas | 78
   - 2.2 Passos iniciais para a pesquisa quantitativa | 82
   - 2.3 Estrutura de dados do IBGE | 88
   - 2.4 Iniciação à estatística descritiva | 96
   - 2.5 Organização e análise dos dados | 102
   - 2.6 Representação dos dados estatísticos | 113

3. Pesquisa para estudos da população | 133
   - 3.1 Importância do censo demográfico | 135
   - 3.2 Possibilidades de análise demográfica e espacial | 142
   - 3.3 Crescimento vegetativo da população | 146
   - 3.4 Pesquisa demográfica na prática | 151

4. Pesquisa para estudos de economia e indústria | 167
   - 4.1 Indicadores de nível de atividade | 170
   - 4.2 Indicadores de preços | 178
   - 4.3 Estudos para a indústria | 185

5. Técnicas de pesquisa para estudos da cultura e da sociedade | 195
   - 5.1 Cultura e sociedade na análise espacial | 200
   - 5.2 Investigação sociocultural | 204

6. Técnicas de pesquisa para estudos ambientais | 219
   - 6.1 Roteiro de estudos e panorama da geografia física | 222
   - 6.2 Geografia física aplicada à análise ambiental | 231

Considerações finais | 265
Referências | 267
Bibliografia comentada | 277
Lista de siglas | 281
Anexo | 285
Respostas | 291
Sobre as autoras | 295

Dedicamos esta obra às futuras gerações de

geógrafas e geógrafos.

Aos professores e mestres que nos auxiliam nesta jornada e a todos que nos inspiram a fazer o nosso melhor.
Às grandes mulheres do Centro Universitário Internacional Uninter e da Editora InterSaberes, pela sororidade, pela confiança e pelo profissionalismo.

A relação mais evidente encontra-se onde "ciência" significa todo o processo de representação (o caminho, em vez da jornada) e, assim, na verdade, para o conhecimento intelectual em geral – toda a questão da conceituação, o intelectual em vez do vivido ou do intuitivo.

Massey, 2005, p. 29.

Apresentação

Gostaríamos, primeiramente, de agradecer a você, leitor, por ter iniciado a leitura de nossa obra. Estamos satisfeitas com o resultado e desejamos que nosso livro possa contribuir para sua formação e/ou atuação profissional.

O objetivo principal desta obra é apresentar algumas técnicas de pesquisa aplicadas em diversas disciplinas da geografia humana e da geografia física. Trata-se de uma obra capaz de contemplar os primeiros passos da vida de um(a) pesquisador(a), e seus conteúdos poderão ser estudados por alunos de graduação e pós-graduação em Geografia, bem como utilizados para estruturar projetos de pesquisa ou fundamentar trabalhos de conclusão de curso. Ainda, esta obra poderá ser consultada em situações profissionais com que você venha a se deparar.

Em nossa abordagem, indicaremos bases teóricas e conceituais que norteiam a investigação científica e apresentaremos algumas possibilidades de aplicação dos métodos próprios da geografia, como forma de aproximar você do universo da pesquisa geográfica. Organizamos a obra de modo a facilitar a consulta, separando os capítulos de acordo com as técnicas adotadas em algumas disciplinas. Preocupamo-nos também em colocar em destaque algumas informações ao longo dos capítulos, para auxiliar na condução de uma pesquisa ou consulta, como informações acerca de conceitos, órgãos oficiais e fontes de dados confiáveis que podem embasar seus estudos e investigações.

Por último, acreditamos ser importante compartilhar um pouco da história desta obra para além do conteúdo acadêmico que você vai acessar. A produção deste livro foi realizada em um momento de travessia em nossas vidas pessoais e profissionais – passamos por situações delicadas e que exigiram muita força emocional-física-psíquica. Durante e após o tratamento de um câncer de ovários pela professora Larissa e a superação da perda de um filho pela professora Eloisa, decidimos que seguiríamos produzindo esta obra e fazendo o nosso melhor. Com o apoio de familiares, amigos e parceiros de trabalho, unimos forças; nossa amizade cresceu ainda mais, e estamos aqui dividindo esta conquista com você.

Um dos aspectos mais importantes e, talvez, o menos considerado do fazer científico diz respeito ao entendimento de que a ciência é produzida por indivíduos. Nossas fragilidades nos aproximam como seres humanos e, por esse motivo, ao compartilharmos nossos desafios pessoais com você, colocamo-nos como iguais. Podemos dizer que nossa humanidade nos trouxe a compreensão de que a finalização desta obra representa o fim de um ciclo e o início de um novo. A vida nos transforma profundamente e desse amadurecimento resultaram estas páginas, as quais consideramos como um filho querido.

Como toda mãe, desejamos que nosso filho seja luz. Aqui, para aqueles que buscam o conhecimento científico como ferramenta de transformação social. Sugerimos que você questione o próprio conhecimento científico, que seja capaz de trazer sua sabedoria e sua leitura de mundo para contribuir com essa área tão grandiosa do conhecimento: a geografia. Esperamos que, acima de tudo, esta obra desperte o espírito explorador, investigativo, nato em muitos geógrafos e geógrafas. Que você possa compreender ainda mais as conexões existentes no planeta Terra, aquelas que nos proporcionam esta linda existência chamada *vida*!

Desejamos a você uma boa leitura!

Como aproveitar ao máximo este livro

Este livro traz alguns recursos que visam enriquecer seu aprendizado, facilitar a compreensão dos conteúdos e tornar a leitura mais dinâmica. São ferramentas projetadas de acordo com a natureza dos temas que vamos examinar. Veja a seguir como esses recursos se encontram distribuídos na obra.

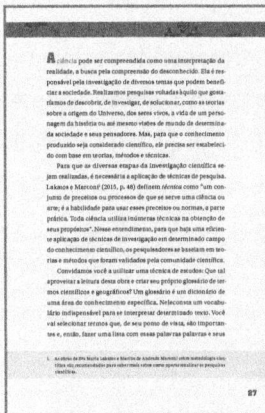

Introdução
Logo na abertura do capítulo informamos os temas de estudo e os objetivos de aprendizagem que serão nele abrangidos, fazendo considerações preliminares sobre as temáticas em foco.

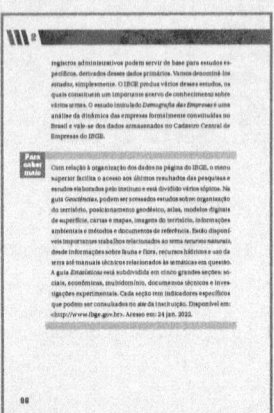

Para saber mais
Sugerimos a leitura de diferentes conteúdos digitais e impressos para que você aprofunde sua aprendizagem e siga buscando conhecimento.

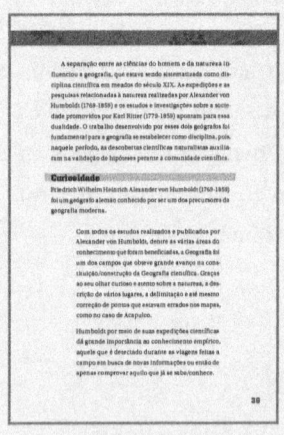

Curiosidade
Nestes boxes, apresentamos informações complementares e interessantes relacionadas aos assuntos expostos no capítulo.

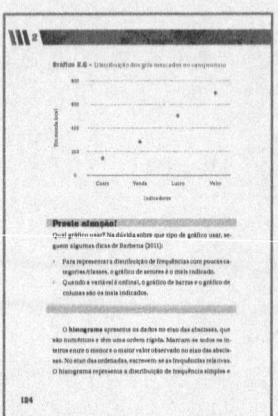

Preste atenção!
Nesta seção, apresentamos informações complementares a respeito do assunto que está sendo tratado.

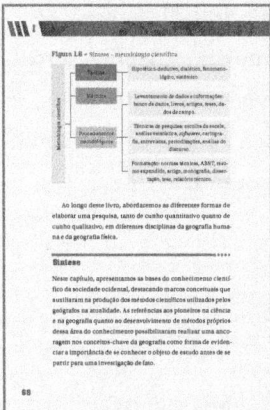

Síntese

Ao final de cada capítulo, relacionamos as principais informações nele abordadas a fim de que você avalie as conclusões a que chegou, confirmando-as ou redefinindo-as.

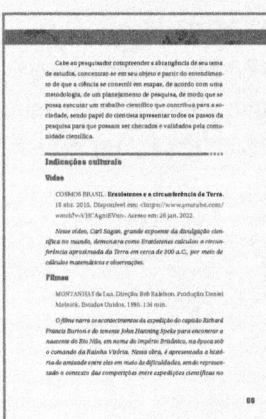

Indicações culturais

Ao final do capítulo, apresentamos algumas indicações de livros, filmes ou *sites* que podem ajudá-lo a refletir sobre os conteúdos estudados e permitir o aprofundamento em seu processo de aprendizagem.

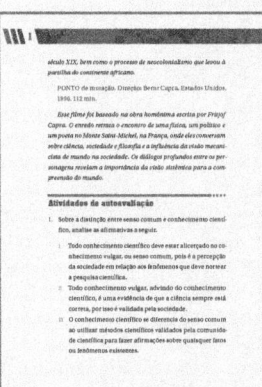

Atividades de autoavaliação

Apresentamos estas questões objetivas para que você verifique o grau de assimilação dos conceitos examinados, motivando-se a progredir em seus estudos.

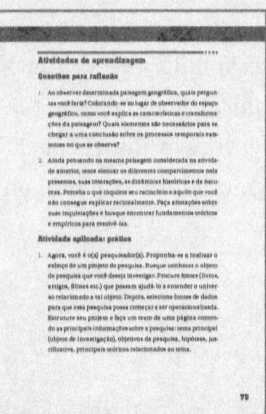

Atividades de aprendizagem
Aqui apresentamos questões que aproximam conhecimentos teóricos e práticos a fim de que você analise criticamente determinado assunto.

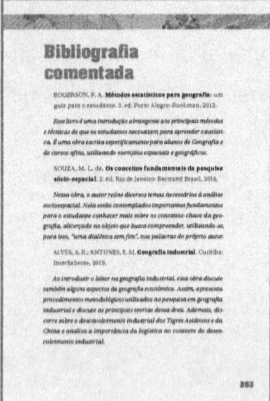

Bibliografia comentada
Nesta seção, você encontra comentários acerca de algumas obras de referência para o estudo dos temas examinados.

Introdução

Este livro foi escrito com um grande objetivo em mente: compor um guia de estudos com as principais técnicas de pesquisa na área de geografia. Assim, o desafio de escrevê-lo envolveu diversas abordagens para o fomento da pesquisa, assim como técnicas e métodos diferentes para validar o objetivo inicial. Também partimos do princípio de que esta obra poderá ser usada na rotina de trabalho de bacharéis em Geografia, pois apresenta um passo a passo para a correta leitura da realidade nas esferas econômica, demográfica, ambiental e social.

Um de nossos propósitos com este livro é inspirá-lo a pesquisar dentro do universo da geografia, seja a geografia física, seja a geografia humana, independentemente da disciplina em que está sendo realizada a pesquisa. Queremos mostrar os passos iniciais do universo acadêmico para auxiliá-lo no desenvolvimento de investigações futuras. Por isso, nesta obra, optamos por trazer alguns elementos que nos permitem pensar a teoria e a prática na ciência geográfica no âmbito das disciplinas de geografia econômica e industrial, geografia da população, geografia ambiental e geografia cultural.

Nesse sentido, a obra *Pesquisa em geografia: um guia de estudos* se justifica pela tentativa de mostrar ao(à) acadêmico(a) iniciante as técnicas de pesquisa existentes na geografia e também indicar para o(a) estudante mais decidido(a) um passo a passo sobre o que pode realizar no que tange à disciplina escolhida. Temos consciência de que nosso esforço foi ambicioso, porém sabemos que a obra não contempla pesquisas mais avançadas nem todas as possibilidades de cruzamento de dados e técnicas de pesquisa.

Ficaremos satisfeitas se você, leitor(a), compreender as possibilidades e usar a obra como um guia de consulta.

Ao longo deste livro, você verá que os capítulos foram organizados conforme as disciplinas. A leitura pode ser realizada por capítulos, separadamente, mas não recomendamos essa opção, dado que o arcabouço teórico está entrelaçado no decorrer do texto. Assim, apesar de a obra estar dividida por disciplina, há fundamentos científicos em todos os capítulos.

No Capítulo 1, apresentaremos alguns conceitos e teorias que fundamentam o conhecimento científico, a organização da geografia como ciência e os métodos próprios da análise espacial. Este capítulo embasará a abordagem das técnicas de pesquisa que serão discutidas nos capítulos posteriores. As investigações hipotético-dedutivas, sistêmicas, dialéticas e fenomenológicas serão descritas, contudo a aplicação prática somente poderá ser observada nos capítulos posteriores. O Capítulo 1 também trabalhará com uma divisão de instrumentação fundamental: as pesquisas qualitativa e quantitativa.

Esse capítulo é muito importante porque situará o leitor quanto à divisão clássica da geografia: geografia física e geografia humana. É fundamental compreender essa diferença porque os capítulos posteriores serão separados com base nessa lógica. O primeiro capítulo fará referência aos pioneiros na ciência e na geografia para o desenvolvimento de métodos próprios da área. Esses estudiosos buscaram uma ancoragem nos conceitos-chave da geografia, estabelecendo a importância de se conhecer o objeto de estudo antes de se partir para um processo de investigação.

No Capítulo 2, será abordada a questão da operacionalização da pesquisa quantitativa em geografia e da representação dos dados estatísticos, que serve, especialmente, para organizar e analisar os dados. O capítulo vai mostrar um passo a passo para a realização de uma pesquisa quantitativa, para a iniciação do(a) pesquisador(a) no estudo básico de estatística e para a organização e análise dos dados estatísticos.

A estatística ainda é pouco usada em estudos de geografia, porém é muito útil para a síntese de dados e análises complementares. Por esse motivo, esse conhecimento foi incluído neste guia, com o intuito de ensinar aos estudantes a leitura das ferramentas estatísticas, sem o uso, nesse caso, de uma linguagem matemática. Infelizmente, para alguns, a leitura matemática ainda se constitui em uma grande dificuldade. No entanto, não podemos pensar em pesquisa quantitativa sem entender os dados. Nesse capítulo, assim, faremos uso de uma linguagem acessível, de modo que qualquer iniciante possa compreender o significado do dado e do conceito. As operações matemáticas podem ser relegadas aos *softwares* específicos – o mais importante neste momento é compreender o conceito e saber proceder à interpretação dos dados.

Devemos destacar que, apesar de a estatística ainda ser, em muitos casos, um desafio para os alunos, principalmente de humanas, pelo fato de não terem afinidade com esse tipo de conhecimento, a base de dados estatísticos do Brasil, representada pelo Instituto Brasileiro de Geografia e Estatística (IBGE), apresenta, em uma plataforma digital, a possibilidade de pesquisa dos dados em uma interface bem amigável e que facilita sua leitura e interpretação. Esse argumento reforça a ideia inicial de que as operações matemáticas são importantes, mas, para o geógrafo, sobretudo, é crucial saber ler e interpretar os indicadores, habilidade fundamental para a vida profissional e também acadêmica.

No Capítulo 3, será realizada uma orientação para os estudos populacionais por meio de técnicas de pesquisa em que se utilizam bases demográficas reais e atualizadas. O cruzamento de dados sobre a população é rico e numeroso, pois existem diversas variáveis que podem ser cruzadas na leitura e na interpretação de dados. Além disso, também é possível realizar o cruzamento dos dados demográficos com diversos recortes temporais e geográficos. No terceiro capítulo, mostraremos apenas uma parte da possibilidade de cruzamento de informações. O próprio IBGE divulga que há mais de 5.200 tabelas, 55 pesquisas e 850 bilhões de valores disponíveis. Esses dados podem motivá-lo(a) a entender um pouco mais sobre a pesquisa quantitativa.

No Capítulo 4, trataremos das técnicas de pesquisa aplicadas aos estudos da geografia econômica e da geografia industrial. O foco principal será o estudo da correta interpretação dos principais indicadores econômicos de nível de produção e de preços, que são utilizados para descrever ou apontar o comportamento das variáveis e fenômenos de uma economia. Os indicadores servem para descrever tendências e ajudar na tomada de decisão dos governantes de instituições públicas e privadas. Também possibilitam que os consumidores e os cidadãos comuns compreendam a realidade do momento econômico que se está analisando.

No Capítulo 5, concentraremos a atenção na geografia humanista e nas etapas e técnicas para a realização de pesquisa nas áreas de cultura e sociedade. As técnicas de pesquisa no campo cultural e social são ferramentas que buscam informações capazes de trazer ao pesquisador novas perspectivas por meio do estudo de comunidades ou indivíduos. Isso significa que as pesquisas qualitativas podem revelar diferentes dimensões da realidade pesquisada. Nesse capítulo, ainda serão abordados conceitos sobre as pesquisas direta e indireta, o trabalho de campo, a ação participativa e a pesquisa de laboratório, que são técnicas que podem ser utilizadas também em outras disciplinas.

Por último, no Capítulo 6, apresentaremos um panorama dos estudos da geografia física e de sua aplicação na análise ambiental. Discorreremos sobre esse ramo da geografia e suas disciplinas: biogeografia, climatologia, geomorfologia, hidrogeografia e pedologia. Depois, discutiremos a análise ambiental na área de geografia, destacando como é possível realizar um recorte espacial para um estudo socioambiental, tendo em vista suas etapas fundamentais, como delimitação e caracterização da área, levantamento e organização dos dados e utilização de mapas temáticos, que servem tanto para visualizar os resultados quanto para propor soluções ambientais.

Por meio das discussões realizadas neste livro e do domínio de conceitos, abordagens de pesquisa, métodos e formas de instrumentação disseminados na área, você será capaz de desenvolver várias outras ideias e concepções que serão fundamentais para o desenvolvimento de pesquisas científicas nas diferentes disciplinas da geografia.

I

Estratégias de pesquisa em geografia

A ciência pode ser compreendida como uma interpretação da realidade, a busca pela compreensão do desconhecido. Ela é responsável pela investigação de diversos temas que podem beneficiar a sociedade. Realizamos pesquisas voltadas àquilo que gostaríamos de descobrir, de investigar, de solucionar, como as teorias sobre a origem do Universo, dos seres vivos, a vida de um personagem da história ou até mesmo visões de mundo de determinada sociedade e seus pensadores. Mas, para que o conhecimento produzido seja considerado científico, ele precisa ser estabelecido com base em teorias, métodos e técnicas.

Para que as diversas etapas da investigação científica sejam realizadas, é necessária a aplicação de técnicas de pesquisa. Lakatos e Marconi[i] (2015, p. 48) definem *técnica* como "um conjunto de preceitos ou processos de que se serve uma ciência ou arte; é a habilidade para usar esses preceitos ou normas, a parte prática. Toda ciência utiliza inúmeras técnicas na obtenção de seus propósitos". Nesse entendimento, para que haja uma eficiente aplicação de técnicas de investigação em determinado campo do conhecimento científico, os pesquisadores se baseiam em teorias e métodos que foram validados pela comunidade científica.

Convidamos você a utilizar uma técnica de estudos: Que tal aproveitar a leitura desta obra e criar seu próprio glossário de termos científicos e geográficos? Um glossário é um dicionário de uma área do conhecimento específica. Nele consta um vocabulário indispensável para se interpretar determinado texto. Você vai selecionar termos que, de seu ponto de vista, são importantes e, então, fazer uma lista com essas palavras e seus significados.

---

i. As obras de Eva Maria Lakatos e Marina de Andrade Marconi sobre metodologia científica são recomendadas para saber mais sobre como operacionalizar as pesquisas científicas.

Ao se deparar com conceitos desconhecidos ou que não sejam claros para você, pesquise os significados em livros, dicionários, enciclopédias e fontes confiáveis de informação na *web*, preferencialmente em plataformas de divulgação científica. Lembre-se também de inserir a referência, ou seja, registrar o local em que a informação foi encontrada.

Neste capítulo, apresentaremos algumas reflexões sobre a geografia e o desenvolvimento do espírito científico, bem como descreveremos os métodos próprios da ciência geográfica. Iniciaremos por uma análise a respeito do ato de pesquisar com base na discussão de alguns conceitos científicos; depois, partiremos para a geografia e suas perspectivas física e humana e discorreremos sobre alguns conceitos-chave da geografia e sobre como eles se relacionam com diferentes objetos e abordagens geográficas; por último, trataremos da escolha da escala adequada aos estudos geográficos.

1.1 Senso comum e conhecimento científico

Para dar um tratamento científico às nossas pesquisas, precisamos, antes de mais nada, saber o que é o conhecimento científico e como ele se diferencia do conhecimento popular ou do senso comum. As pesquisas científicas nos oferecem acesso a diversos tipos de conhecimento, os quais são formulados pela nossa capacidade de apreender e interpretar as informações. As pesquisas ou investigações científicas podem descobrir novas evidências, aprofundar assuntos já existentes e trazer melhorias de vida para a sociedade.

Notadamente, a maior parte das investigações que realizamos em nossas rotinas diárias está atrelada ao que conhecemos como *senso comum*. O **senso comum**, também denominado *conhecimento vulgar* ou *popular*, é um modo corrente e espontâneo de se conhecer a realidade e que difere do conhecimento científico, o qual utiliza métodos e técnicas para sua comprovação e legitimidade.

Muitas vezes, o senso comum é tomado como uma verdade absoluta, que se aprende no cotidiano e é replicada. Por exemplo, quando alguém afirma que gatos de três cores são sempre fêmeas, essa afirmação pode ser validada ou não. Nesse caso, a afirmação é parcialmente verdadeira em termos científicos, pois cerca de 1% dos machos felinos podem ter três cores, graças a uma anomalia genética. O senso comum apresenta interpretações que partem de fragmentos de pesquisas científicas, de dados estatísticos, percepções norteadas por crenças religiosas ou mesmo ideológicas. Podemos dizer que o senso comum está ligado às opiniões que buscam justificar aquilo que aceitamos como verdade sem necessariamente encontrar comprovações científicas.

Não raro, deparamo-nos com o retorno de teorias que foram descartadas há muitos séculos pela ciência, como o caso da teoria da terra plana. Para nós, geógrafas e geógrafos, o ressurgimento dessa teoria traz certa perplexidade, considerando-se que dispomos de diversos métodos simples que são capazes de comprovar a curvatura da Terra; não precisamos fazer uma viagem espacial para termos certeza de que nosso planeta tem uma forma aproximadamente esférica (geoide[ii]). Na Antiguidade (século II a.C.),

---

ii. Geoide: é a forma geométrica da Terra, que não é totalmente esférica, mas achatada nos polos, em virtude das ações gravitacionais e dos movimentos astronômicos. De acordo com o Dicionário Cartográfico do IBGE (Oliveira, 1993, p. 241, grifo do original), é uma "superfície equipotencial do campo gravimétrico da Terra, coincidindo com o nível médio inalterado do mar, e que se estende por todos os continentes, sem interrupção. A direção da gravidade é perpendicular ao geoide em qualquer ponto. O geoide é a superfície de referência para as observações astronômicas e para o nivelamento geodésico. O mesmo que *figura da Terra*".

Erastóstenes calculou o diâmetro da Terra, chegando a um número muito próximo do real ao projetar a sombra do Sol em diversos pontos da superfície terrestre[iii].

Partindo dessa discussão, podemos afirmar que o conhecimento científico difere dos demais tipos de conhecimento ao propor reflexões sobre a realidade com o uso de argumentos logicamente estruturados, comprovados e validados pela comunidade científica. Além disso, a linguagem científica é apropriada pelos pesquisadores com a prática, sendo necessário que se habituem ao uso de conceitos e teorias que fundamentam a ciência e suas técnicas. Ao iniciar sua trajetória na pesquisa, você passará por um processo de alfabetização científica e conhecerá os percursos realizados por outros cientistas e grupos de pesquisa.

Independentemente do tipo de conhecimento, podemos considerar que o ato de conhecer faz parte da essência humana, diz respeito à nossa forma de organizar, interpretar e apreender o mundo, que varia de indivíduo para indivíduo. Para conhecer, é preciso buscar informações sobre o que se deseja conhecer.

Nas investigações científicas, as informações que buscamos sobre o objeto investigado são chamadas de *fontes*. As **fontes** são conjuntos de dados que coletamos antes e durante nossa investigação para organizar o conhecimento sobre determinado objeto de pesquisa. O conhecimento científico é produzido na relação entre o sujeito (pesquisador) e o objeto (fenômeno[iv] que se observa). O conhecimento se dá na interação entre o pesquisador (sujeito do conhecimento) e o objeto que está sendo pesquisado. Observe

---

iii. No *link* a seguir, você pode ter acesso a mais detalhes do experimento de Eratóstenes: <http://cfp.ufcg.edu.br/portal/index.php/textos-de-divulgacao/529-experimento-de-eratostenes>. Acesso em: 20 jan. 2022.

iv. Fenômeno: aqui, o termo se refere à manifestação natural, social ou experiência de laboratório que se está observando como objeto de investigação. Trata-se de tudo o que se pode observar como sujeito do conhecimento, pesquisador.

a Figura 1.1, que representa de forma simplificada a relação entre sujeito, objeto e conhecimento.

Figura 1.1 – Sujeito-objeto-conhecimento

Volha Hlinskaya, Anatolir e ST.art/Shutterstock

A formação do espírito científico (Bachelard, 1996) parte do interesse, da curiosidade ou da dúvida do sujeito sobre um fenômeno (objeto) do mundo concreto (espaço geográfico). A constatação inicial da pesquisa (hipótese) ocorre baseada em conhecimentos prévios; sequencialmente, são estudados teorias, métodos e fontes de informação, sendo criadas estratégias e representações da realidade. Depois, a ideia inicial e os argumentos sistematizados são confrontados. Essa perícia é realizada com base na análise de contextos, na realização de conexões e nas experimentações, bem como na observação de acertos e erros. Por fim, os resultados são apresentados à comunidade científica para validação e só depois disso são entregues à sociedade.

De maneira geral, um pesquisador pode ser considerado o indivíduo que vai definir as bases para se conhecer determinado objeto. Tal objeto de estudo pode partir de uma dúvida, um problema ou um objeto concreto. Na atribuição do uso de sua razão, o pesquisador analisa o objeto de investigação e, então, constrói um novo conhecimento, resultado de sua análise. Existem formas diferentes formas de se produzir conhecimento científico: a empírica e a teórica.

O **conhecimento empírico** é produzido com base em experiências e observações da realidade exterior. É o conhecimento que sobrevém de testes, experimentos de laboratório, observações de campo, evidências materiais, fenômenos observáveis que podem ser racionalmente e objetivamente comprováveis, observáveis, quantificáveis, medidos ou classificados. Por exemplo, em um estudo cujo objeto é o solo, a amostra retirada de um local é levada ao laboratório para sua classificação de acordo com a estrutura e a mineralogia. Com base nos resultados do laboratório, o pesquisador pode aprofundar sua investigação e realizar análises para produzir conhecimento, considerando a certificação dos métodos de coleta em campo e das análises laboratoriais. Assim, esse conhecimento sobre o solo coletado é alcançado por meio do empirismo (experimentos), da aplicação do método (coleta e laboratório) e de sua validação por pares[v] (apresentação do trabalho à comunidade científica).

Já o **conhecimento teórico** pode ser considerado aquele produzido por meio de abstrações teóricas em relação ao objeto de estudo. As produções teóricas, muitas vezes, apresentam soluções cujo desenvolvimento esbarra na falta de recursos tecnológicos suficientes para serem desenvolvidas em determinado momento, apontando argumentos pautados na racionalidade do sujeito para se aproximar da essência do objeto de pesquisa.

Vejamos um exemplo: em 1915, o geólogo alemão Alfred Wegener propôs a teoria da deriva continental. Ao observar o contorno dos continentes americano e africano e perceber que apresentavam um encaixe, o pesquisador desenvolveu uma teoria segundo a qual os continentes teriam alguma ligação no passado. Com essa constatação, ele buscou evidências empíricas para descobrir se havia semelhanças geológicas entre os continentes. Na teoria desenvolvida por Wegener, os continentes estariam à deriva sobre o manto terrestre, e a origem deles teria ocorrido por meio da divisão de um supercontinente denominado pelo pesquisador de *Pangeia*.

Na época, a teoria não foi totalmente aceita pela comunidade científica, pois não havia tecnologia suficiente para comprovar empiricamente as afirmações do pesquisador. A teoria de Wegener só foi comprovada dez anos após sua morte, em 1940, quando o assoalho submarino foi mapeado por sonares na Segunda Guerra

---

v. Avaliação por pares: todo conhecimento científico precisa ser validado pela comunidade científica para ser aceito e divulgado. Essa comunidade é constituída por um conjunto de especialistas de uma mesma área do conhecimento. As pesquisas científicas são avaliadas por bancas, pareceristas ou membros de comitês de pesquisa, que julgam a validade científica dos estudos considerando os pressupostos teóricos e metodológicos do trabalho apresentado. A esse processo de validação chamamos de *avaliação por pares*.

Mundial e foi descoberta a cadeia de montanhas submersas chamada *Dorsal Atlântica*.

Nesse sentido, para que um conhecimento seja considerado **conhecimento científico**, ele deve cumprir alguns prerrequisitos. De acordo com Lakatos e Marconi (2003), o conhecimento científico deve ser:

a. **Factual:** lida com ocorrências e fatos.
b. **Contingente:** a veracidade ou falsidade do conhecimento produzido pode ser conhecida por meio da experiência.
c. **Sistemático:** é ordenado logicamente num sistema de ideias.
d. **Verificável:** o que não pode ser comprovado não é do âmbito da ciência.
e. **Falível:** não é definitivo, absoluto.
f. **Aproximadamente exato:** novas descobertas podem reformular o acervo de ideias existentes.

Os geógrafos se debruçam sobre investigações a respeito da história do pensamento geográfico, das epistemologias e das diferentes realidades socioespaciais que podemos observar. Ainda, buscam compreender questões sobre o meio físico (hidrografia, clima, relevo, vegetação, solos), aspectos socioculturais (economia, política, agricultura, cidades e urbanização, indústrias, populações, religiões, culturas) e representações cartográficas, considerando a totalidade e a complexidade de relações que existem entre os diferentes objetos do espaço geográfico pesquisados.

No Brasil, a ciência é produzida principalmente em institutos de pesquisa, indústrias, órgãos governamentais e universidades. Nas instituições de ensino superior (IESs), existem inúmeros grupos de pesquisa ligados ao Conselho Nacional de Desenvolvimento Científico e Tecnológico (CNPq), responsável por administrar as pesquisas realizadas nas instituições brasileiras. Uma das atividades de pesquisa promovidas pelo CNPq é a iniciação científica (IC), que constitui em uma das primeiras etapas da vida dos pesquisadores durante a graduação. Consideramos importante que você conheça as pesquisas realizadas em sua instituição de ensino e procure saber mais sobre as formas de se engajar na pesquisa logo nos primeiros anos da graduação; assim você poderá conhecer empiricamente (por sua própria experiência) como são realizadas as pesquisas científicas.

Importante!

Epistemologia: "Etimologicamente [...] significa discurso (logos) sobre a ciência (episteme). (Episteme + logos). [...] é a ciência da ciência. [...] É o estudo crítico dos princípios, das hipóteses e dos resultados das diversas ciências. É a teoria do conhecimento. A tarefa principal da epistemologia consiste na reconstrução racional do conhecimento científico, conhecer, analisar, todo o processo gnosiológico da ciência do ponto de vista lógico, linguístico, sociológico, interdisciplinar, político, filosófico e histórico" (Tesser, 1995, p. 92).

CNPq: "O Conselho Nacional de Desenvolvimento Científico e Tecnológico é um órgão do Governo Federal que possui como principais atribuições fomentar a pesquisa científica e tecnológica e incentivar a formação de pesquisadores brasileiros. Criado em 1951, desempenha papel primordial na formulação e condução das políticas de ciência, tecnologia e inovação. Sua atuação contribui para o desenvolvimento nacional e o reconhecimento das instituições de pesquisa e pesquisadores brasileiros pela comunidade científica internacional" (Brasil, 2022a).

Iniciação científica (IC): "o conceito de IC foi construído no interior das universidades brasileiras como uma atividade realizada durante a graduação, na qual o aluno é iniciado no 'jogo' da ciência e [...] vivencia experiências vinculadas a um projeto de pesquisa, elaborado e desenvolvido sob a orientação de um docente. [...] a ideia de IC pode ser substituída pela Formação Científica (FC) e está associada também a atividades como: programas de treinamento, desenvolvimento de estudos sobre metodologia científica (dentro de uma disciplina ou não), visitas programadas a institutos de pesquisa e indústrias" (Massi, 2008, p. 18-19).

1.2 Método científico

Com o intuito de realizar uma leitura da realidade, os(as) cientistas, dentro de sua área de atuação, necessitam de métodos de investigação efetivos e critérios claros que os ajudem a minimizar os preconceitos e as ilusões em torno do objeto investigado. Assim, consideramos que a ciência precisa de métodos para confirmar suas hipóteses de forma pragmática, sistemática, formal e desprovida de superstições ou juízos de valor.

Para a teoria do conhecimento, o desenvolvimento de teorias e métodos de diversas áreas contribui para as mudanças no pensamento como um todo. As transformações econômicas, sociais e culturais nas sociedades influenciam também a forma de se produzir conhecimento, ou seja, os avanços das ciências estão intimamente relacionados às conjunturas históricas e às condições tecnológicas nas quais ocorrem. A ideia de método carrega um caráter de medida e ordem, que caracteriza sua aplicação e permite gerar os resultados. Entre os métodos existentes, quatro descrevem as principais ideias que devem pautar as investigações em geografia, quais sejam: (i) hipotético-dedutivo; (ii) sistêmico; (iii) dialético, e (iv) fenomenológico.

1.2.1 Método hipotético-dedutivo

O método hipotético-dedutivo é aquele que parte de uma inquietação, observação ou percepção do sujeito sobre determinado objeto ou teoria preexistente. O sujeito percebe que existe uma lacuna no conhecimento e formula hipóteses que serão testadas. Por meio da aplicação de procedimentos repetitivos e deduções sobre os resultados alcançados, o sujeito passa a verificar se as hipóteses são confirmadas ou não. Os resultados das pesquisas nem sempre precisam comprovar que a hipótese inicial do pesquisador está correta; a constatação de que a hipótese testada era falsa também pode ser considerada um resultado.

Na Figura 1.2, apresentamos um esquema que retrata como o método hipotético-dedutivo pode ser aplicado, mostrando como exemplo uma hipótese referente a um perfil de vegetação que se altera em relação à altitude em um relevo montanhoso.

Figura I.2 – Método hipotético-dedutivo

Método hipotético-dedutivo

Experimentação, verificação das hipóteses

Testes, procedimentos, deduções

Hipótese validada

Formulação das hipóteses, questionamentos

Fontes, teorias, campo, amostras, cálculos

Objeto, problema, lacuna do conhecimento

A vegetação diminui de altura conforme aumenta a altitude

Perfil da vegetação

A escolha das técnicas de pesquisa é fundamental para os testes de hipóteses

1 Algumas pesquisas na geografia envolvem a identificação do perfil da vegetação. A hipótese destacada na ilustração já foi validada. Diversos geógrafos em diferentes locais testaram inúmeras vezes essa hipótese até que ela fosse aceita.

2 Por exemplo, na Floresta Ombrófila Mista, predominante no Sul e no Sudeste do Brasil, quanto mais íngreme e maior a altitude, menor a altura das árvores e arbustos. Essa floresta é classificada de acordo com a altitude: aluvial, submontana, montana e altomontana.

3 Isso se deve principalmente ao tipo de vegetação e ao perfil do solo. O solo é mais raso nas áreas mais íngremes, dificultando o desenvolvimento de raízes profundas.

GoodStudio/Shutterstock

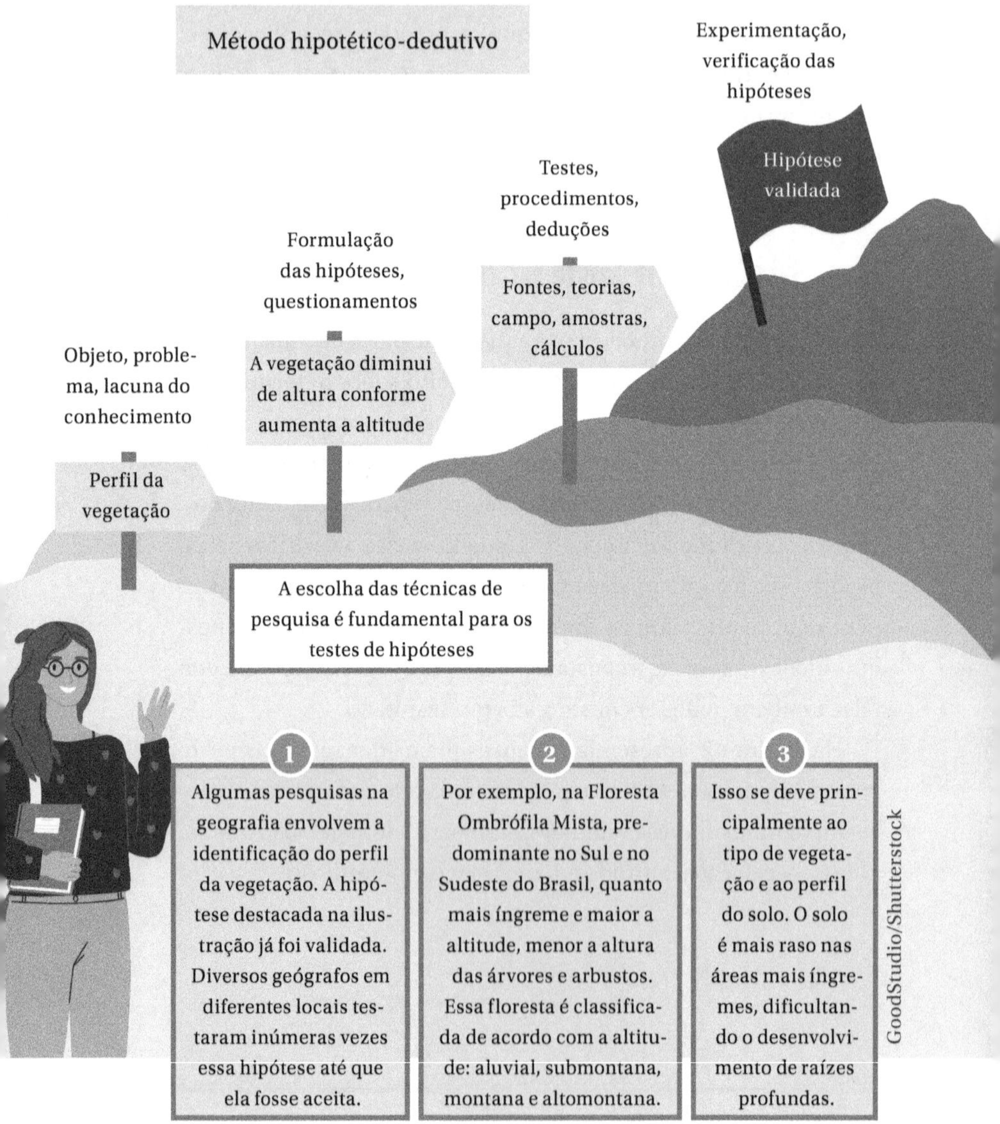

A separação entre as ciências do homem e da natureza influenciou a geografia, que estava sendo sistematizada como disciplina científica em meados do século XIX. As expedições e as pesquisas relacionadas à natureza realizadas por Alexander von Humboldt (1769-1859) e os estudos e investigações sobre a sociedade promovidos por Karl Ritter (1779-1859) apontam para essa dualidade. O trabalho desenvolvido por esses dois geógrafos foi fundamental para a geografia se estabelecer como disciplina, pois, naquele período, as descobertas científicas naturalistas auxiliaram na validação de hipóteses perante a comunidade científica.

Curiosidade

Friedrich Wilhelm Heinrich Alexander von Humboldt (1769-1859) foi um geógrafo alemão conhecido por ser um dos precursores da geografia moderna.

> Com todos os estudos realizados e publicados por Alexander von Humboldt, dentre as várias áreas do conhecimento que foram beneficiadas, a Geografia foi um dos campos que obteve grande avanço na constituição/construção da Geografia científica. Graças ao seu olhar curioso e atento sobre a natureza, a descrição de vários lugares, a delimitação e até mesmo correção de pontos que estavam errados nos mapas, como no caso de Acapulco.
>
> Humboldt por meio de suas expedições científicas dá grande importância ao conhecimento empírico, aquele que é detectado durante as viagens feitas a campo em busca de novas informações ou então de apenas comprovar aquilo que já se sabe/conhece.

> Além disso, esse geógrafo destacou o papel desempenhado pelo observador para a descrição da natureza na análise da paisagem e as influências que podem dar maior ou menor significado na sua descrição. (Caus; Leme, 2014, p. 19)

Karl Ritter (1779-1859) foi um geógrafo alemão considerado precursor da geografia humana; juntamente com Humboldt, fundou a Sociedade Geográfica de Berlim.

> Ritter procurou desenvolver metodologicamente um caminho para as pesquisas, na qual houvesse uma delimitação da área estudada destacando sua individualidade e características próprias, para, por conseguinte comparar com outras áreas do globo. Assim, o desenvolvimento de um método comparativo na geografia foi de grande valia para a fundação da geografia como ciência, essa sistematização e organização dos elementos do meio geográfico com uma metodologia comparada ou geral, talvez seja, o principal marco na obra de Karl Ritter na geografia moderna. (Alves; Piccoli Neto, 2009, p. 52)

Os estudos de Alexander Von Humboldt e Karl Ritter foram fortemente influenciados pela filosofia de Immanuel Kant, sendo este o primeiro a lecionar as disciplinas de Antropologia e Geografia Física no curso de Filosofia da Universidade de Königsberg. Outra importante influência para Humboldt e Ritter foi a abordagem naturalista, preconizada pelo movimento romântico alemão de Johann Wolfgang von Goethe (1749-1832), no qual uma das premissas era a contemplação da paisagem. Tais influências ensejaram na geografia acadêmica nascente o espírito científico que conectava o empirismo naturalista e o racionalismo kantiano.

O geógrafo Alfred Hettner classificou a geografia como uma ciência "corológica"[vi]. De forma geral, isso significa estudar um objeto geográfico por meio de um método que lhe é próprio, respeitando-se suas características. Por exemplo, o método para se estudar uma cidade difere do método para se compreender um perfil de relevo; além disso, mesmo que se considere essa diferença, é preciso levar em conta que cada cidade e cada compartimento de relevo são únicos. Nesse sentido, Hettner propôs compreender a geografia como uma ciência que adapta seus métodos ao objeto de estudo.

1.2.2 Método sistêmico

Um sistema é definido como um conjunto de componentes inter-relacionados que trabalham em conjunto para alcançar objetivos comuns, aceitando dados de entrada (*input* – entrada) e produzindo resultados (*output* – saída) em processos de transformação organizados. Existem três tipos de sistema: (i) aberto, (ii) fechado e (iii) isolado, que explicaremos na sequência.

[vi]. "Se o caráter essencial da investigação geográfica consiste no fato de que ela é corológica, não se pode falar assim de um método corológico e colocá-lo ao lado de outros métodos da descrição ou pesquisa. A palavra 'método', quando não se quer ampliar seu sentido de forma exagerada, sempre significa o caminho em direção a um objetivo – porém, não é o caminho que é corológico, mas sim o objetivo, o próprio objeto da Geografia" (Hettner, 2012, p. 139).

Figura I.3 – Tipologias de sistemas

Aberto
- Energia
- Matéria

INPUT
Troca com o ambiente
Matéria e energia

OUTPUT
Troca com o ambiente
Matéria e energia

ENTRADA | TRANSFORMAÇÃO PROCESSAMENTO | SAÍDA

Fechado
- Energia
- Matéria

INPUT
Luminosidade
Energia

OUTPUT
Retroalimentação
Matéria e energia

ENTRADA | TRANSFORMAÇÃO PROCESSAMENTO | SAÍDA

Isolado
- Energia
- Matéria

RETROALIMENTAÇÃO
Não há troca de matéria e energia

Barreira de isolamento

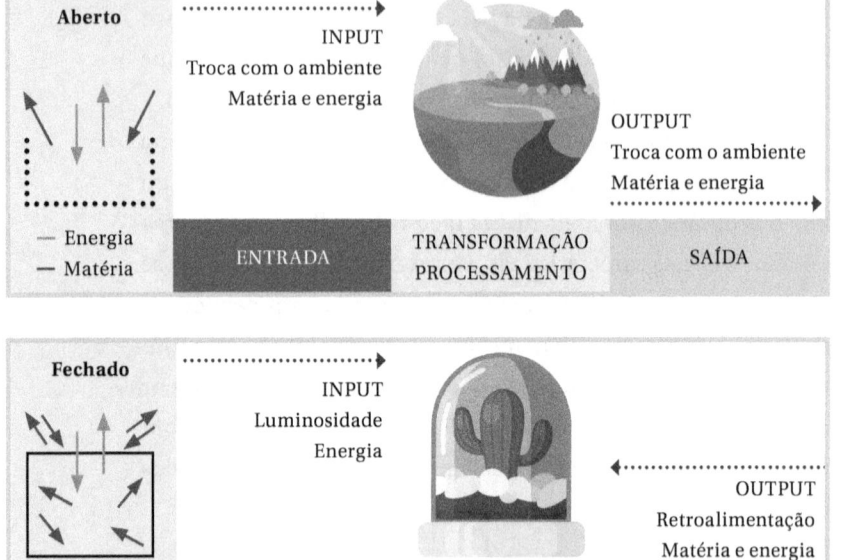

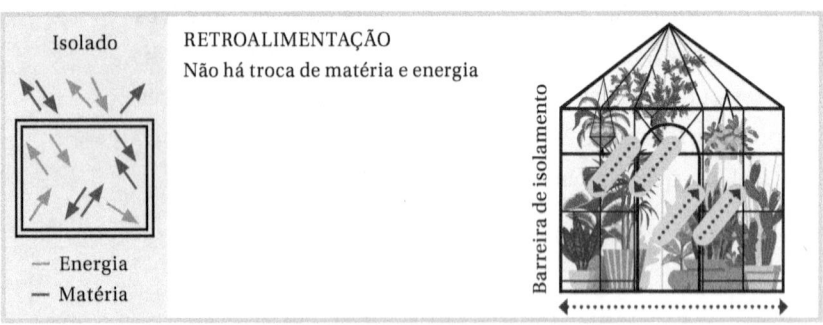

Platon Anton, sotisare e Innnot/Shutterstock

Nesses exemplos, apresentamos três sistemas: (i) aberto – sistema atmosférico: troca de matéria e energia com o ambiente; (ii) fechado – terrário, com contenção de vidro: entrada e saída de energia, sem troca de matéria com o ambiente; e (iii) isolado – estufa com barreira de isolamento: sem troca de matéria e energia com o ambiente. Para os diferentes tipos de sistema, encontramos aplicações específicas. Na geografia física, estudamos os componentes socioambientais do sistema terrestre por meio de seus ramos disciplinares.

A teoria geral dos sistemas, elaborada em 1937 por Ludwig von Bertalanffy (1901-1972), ajudou a preencher uma lacuna existente entre vários ramos do conhecimento, entre os quais a geografia. Essa perspectiva apresentou as noções de inter-relação e interdependência entre as partes do sistema e ofereceu as bases para o estudo do corpo humano, dos seres vivos, dos ecossistemas e dos geossistemas.

No contexto da geografia física do século XX, Viktor Borisovich Sochava (1905-1978) produziu a teoria do geossistema, pautada no método sistêmico. A concepção geossistêmica de Sochava propôs uma representação da organização espacial que seria resultado da interação entre os diversos componentes do geossistema, tais como clima, hidrografia, geologia, topografia, vegetação, solos e sociedade humana, considerando-se todas as suas dimensões e a forma como interatuam entre si. Para a análise de um geossistema, poderiam ser utilizados todos esses elementos ou não, a depender do objetivo da pesquisa.

Curiosidade

Karl Ludwig von Bertalanffy (1901-1972) foi um biólogo austríaco responsável pela criação da teoria geral dos sistemas, em 1937. Trata-se de um modelo que permite analisar os grupos sociais e o sistema geral, no qual a comunicação é uma interação entre elementos, com propósito, equilíbrio, organização, regulação, diferenciação e complexidade.

Viktor Borisovich Sochava (1905-1978) foi um geógrafo russo, fundador da escola de geografia da Sibéria e cientista da paisagem. É conhecido por ter concebido o geossistema como um método geográfico.

> O autor teve a preocupação de estabelecer uma metodologia de estudo da natureza/paisagem que fosse aplicável aos estudos geográficos. O mesmo visou lançar uma proposta metodológica que substituísse os estudos baseados exclusivamente na dinâmica biológica do ecossistema, pelos estudos integrados dos sistemas naturais e humanos em um determinado recorte espacial.
>
> [...]
>
> [...] o geossistema pode ser muito bem utilizado pela Geografia, até mesmo porque ele representou uma importante evolução nos estudos geográficos, sobretudo na Geografia Física (humanizando-a), por considerar a interação e a integração dos elementos abióticos (solo, relevo, clima, hidrografia), bióticos (vegetação e animais) junto às ações antrópicas, atentando-se para não abordá-los de maneira isolada e na mesma escala temporal. O mesmo ainda se coloca como um conceito em construção, com a necessidade de estudos interdisciplinares que se relacionem à temática, para que com isso ele caminhe paralelamente ao crescimento dos estudos ambientais na Geografia. (Neves et al., 2014, p. 274-275, 282-283)

1.2.3 Método dialético

O método dialético, ou materialismo histórico-dialético, propõe a aproximação dos fenômenos por meio de uma ação de reciprocidade; parte da ideia de que existe uma contradição inerente ao fenômeno (tese e antítese) e de que há, também, uma mudança dialética que ocorre na natureza e na sociedade (síntese) (Lakatos; Marconi, 2001). Nesse método, as transformações do espaço podem ser observadas por meio da história das sociedades, dos símbolos e das paisagens construídos por meio das relações de trabalho. A dialética é muito utilizada em pesquisas da geografia humana para construir os argumentos de pesquisa e investigar, com base em fatos da história, os processos da sociedade capitalista.

Para compreender melhor o sentido de tese, antítese e síntese (Figura 1.4), considere como exemplo o processo de favelização em uma cidade qualquer. O direito à cidade é um direito de todos os habitantes (**tese**), entretanto (**antítese**) alguns têm mais acesso à moradia que outros; essa relação se justifica (**síntese**) pelo processo histórico de urbanização nessa cidade, pelas diferenças entre as classes sociais e entre as condições de existência na sociedade do capital. Ainda, essa relação se retroalimenta, pois os donos dos meios de produção necessitam manter o proletariado e a pobreza para a exploração da mão de obra. Essa argumentação pode ser realizada em uma perspectiva dialética e comprovada com dados, entrevistas, fontes históricas, legislações e argumentações.

Figura I.4 – Método dialético

```
            Método dialético
           /                \
        Tese              Antítese
           \      Problema     /
            Análise e crítica
                   |
                Síntese
                Solução
```

Um importante pensador que contribuiu para os questionamentos sobre o conhecimento científico e o amadurecimento do pensamento geográfico foi o idealista Friedrich Hegel (1770-1831), que instituiu a historicidade no estudo da geografia, abandonando o entendimento desta como ciência natural; para ele, a realidade era algo infinito.

Hegel entendia que a "proposição especulativa" é própria da razão, superando a rigidez dos estudos por meio do método hipotético-dedutivo. A proposição deve expressar o movimento dialético e, portanto, é estruturalmente dinâmica, assim como a realidade que ela expressa e o pensamento que a formula. Dessa forma, o autor concluiu que o pensamento – e a natureza – tira partido eficaz da contradição, como se fosse um produto da negatividade (Branco, 1989).

Buscando compreender a dinâmica social de seu tempo e influenciados pela dialética[vii] de Hegel, os teóricos Karl Marx (1818-

---

vii. Além da dialética de Hegel, para Marx, também foi importante o materialismo. Uma de suas bases foi o materialismo de Ludwig Andreas Feuerbach (1804-1872).

1883) Friedrich Engels (1820-1895) conceberam o trabalho como uma maneira de os seres humanos incorporarem a natureza à vida social. A dialética marxista, ou materialismo histórico, é um importante método, amplamente utilizado nas ciências humanas, e está pautado nas contradições do sistema capitalista de produção.

O pensamento marxista, ou materialismo histórico e dialético, abriu campo para o estudo de processos históricos e econômicos e para a análise de estruturas e processos que integram o todo social, com uma visão mais abrangente de suas diferentes instâncias e processos. A teoria marxista abre-se, inclusive, para a percepção das conexões entre sociedade e natureza tendo em vista a centralidade (a determinação, em última instância) da produção material e dos processos econômicos (Leff, 2006).

A respeito da influência do materialismo histórico-dialético na geografia, podemos considerar a obra de Henri Lefebvre (1901-1991) como uma das principais sistematizações do marxismo e dos questionamentos sobre os processos do capitalismo no espaço geográfico, sobretudo aqueles ligados ao processo de urbanização. O conceito de produção do espaço é de sua autoria e amplamente utilizado nas pesquisas em geografia humana. Nesse contexto, podemos citar ainda a relevante contribuição do geógrafo inglês David Harvey (1935-) para a teoria crítica marxista, no que se refere à análise espacial e das condições de vida na cidade.

Curiosidade

Georg Wilhelm Friedrich Hegel (1770-1831) foi um filósofo nascido em Stuttgart, na Alemanha. Em seu livro *A fenomenologia do espírito*, Hegel denomina o ato de conhecer da consciência – movimento interno entre seu saber e seu objeto – de *movimento dialético*.

> Esse movimento acompanha o desenvolvimento da consciência, desde seu estado mais primitivo até o saber absoluto; e não é outra coisa senão a experiência mesma da consciência. Não é arbitrário, não ocorre por imediatez e não é causado por um objeto extrínseco. É, sim, processo de formação da ciência da experiência que a consciência faz de si mesma como sua própria verdade. Hegel é um autor de grande relevância para a compreensão do pensamento humano e da filosofia, desenvolveu sua teoria a partir de uma lógica e de um olhar fenomenal, ou seja, do fenômeno como totalidade do aparecer [...], que não só aparece à consciência, mas que ao aparecer se faz investigar e esse investigar já se faz saber e verdade, que estão contidos nele. (Cardoso, 2016, p. 116)

Karl Marx (1818-1883) foi um filósofo, sociólogo, historiador, economista, jornalista e revolucionário socialista nascido na Prússia (em Tréveris, hoje pertencente à Alemanha). "Junto com Engels dedica-se a escrever teses sobre o socialismo e manteve contato com o movimento operário europeu. Fundam a 'Sociedade dos Trabalhadores Alemães', adquirem um semanário e se integram à 'Liga dos Justos' – entidade secreta de operários alemães, com filiais por toda a Europa" (Frazão, 2019a).

Friedrich Engels (1820-1895) foi um filósofo social e político alemão nascido em Barmen, na Prússia, atual Alemanha. "Nos escritos de Marx e de Friedrich Engels, particularmente em 'O Manifesto Comunista' (1848), 'Contribuição à Crítica da Economia Política' (1859) e 'O Capital' (1867), os autores criticam a sociedade capitalista e rejeitam o Socialismo Utópico, considerando que a sociedade de cada época é determinada pelas condições econômicas" (Frazão, 2019b). Ainda, "teve papel de destaque no desenvolvimento do marxismo. Colaborador e amigo de Karl Marx, ele completou os volumes II e III da obra 'O Capital', que o autor não pôde concluir" (Frazão, 2019b).

Henri Lefebvre (1901-1991) foi um importante filósofo marxista e sociólogo francês, conhecido por ser um crítico ao processo de produção capitalista do espaço rural e urbano.

> Devemos mencionar as muitas conferências que marcam os anos de 1960, durante as quais ele prepara o arcabouço conceitual que distribuirá nos seis livros que dedica à questão urbana: *O direito à cidade, Do rural ao urbano, A revolução urbana, O pensamento marxista e a cidade, Espaço e política* e *Produção espacial*. [...] Henri Lefebvre percebe o que chamará mais tarde de *revolução urbana*, e sente que é essencial pensar o urbano, romper com a prática burocrática de planejar a cidade para fundar um urbanismo experimental, combinando uma análise de novos fenômenos relacionados à afirmação do urbano e de um direito, isto é, uma reivindicação legítima de um modo de vida transfigurando a vida cotidiana urbana. Ele continuará, muito mais tarde, sua reflexão filosófica sobre a noção de "espaço" e sobre a análise do ritmo no contexto urbano. (Paquot, 2009, p. 10, tradução nossa)

1.2.4 Postura fenomenológica

Essa abordagem parte da premissa de que a essência dos fenômenos pode ser entendida pelos sentidos, ou seja, só é possível compreender a realidade a partir da percepção do sujeito (consciência), sendo a avaliação do sujeito intencional, e não dissociada do objeto. Trata-se de "uma abordagem que não se apega tão somente às coisas factuais observáveis, mas visa penetrar no seu significado e contexto. Esse método se utiliza do procedimento que leva a uma compreensão do fenômeno por meio de relatos descritivos da vida social" (Guedes, 2016).

Figura 1.5 – Postura fenomenológica

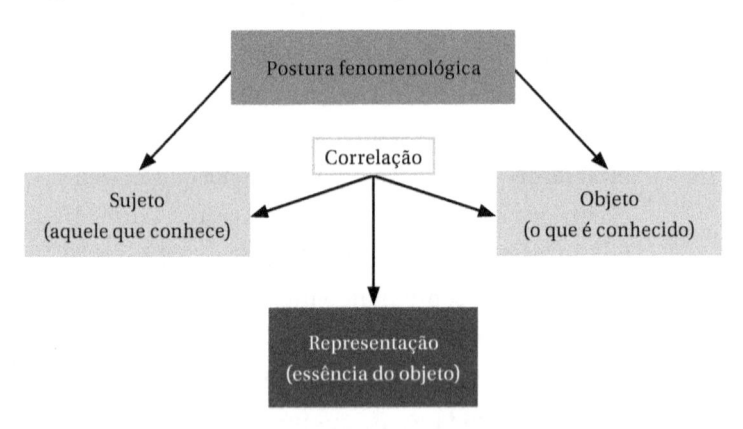

```
                    Postura fenomenológica
                   /         |          \
                   |    Correlação       |
                   v         |           v
          Sujeito            |           Objeto
      (aquele que conhece)   |       (o que é conhecido)
                             v
                      Representação
                     (essência do objeto)
```

A Figura 1.5 representa, de forma geral, a postura fenomenológica, a qual parte da correlação entre sujeito e objeto para a concepção das representações de um fenômeno vivido ou observado. Essa abordagem teve entre seus pioneiros o filósofo Edmund Husserl (1859-1938). Para esse autor,

> A unidade entre o ato de conhecer e o objeto que é conhecido encontra na fenomenologia, na ciência do fenômeno, isto é, da consciência enquanto manifestação de si mesma e das significações objetivas, a possibilidade de instauração da "filosofia como uma ciência rigorosa". Assim, a descrição do vivido, dos atos intencionais da consciência e das essências que eles visam, isto é, dos correlatos intencionais – enfim, a disciplina que poderá fundamentar a lógica – é a fenomenologia. (Husserl, 2000, p. 8)

A premissa da teoria de Husserl é de que a reflexão fenomenológica não deveria pautar-se em nenhum tipo de crença ou senso comum ou mesmo em visões científicas ou filosóficas. Para realizar uma aproximação fenomenológica, o sujeito deveria eliminar qualquer pressuposição sobre o objeto investigado.

Dando sequência à abordagem fenomenológica de Husserl, Maurice Merleau-Ponty (1908-1961) concebeu o método fenomenológico como uma redução do mundo percebido, em que o sujeito deve buscar o mundo original do objeto que está analisando. Cabe, assim, ao sujeito que percebe o objeto realizar as conexões necessárias para dar significado àquilo que foi captado pelos sentidos.

Em meados do século XX, a cultura passou a ganhar mais destaque nos estudos geográficos. Carl Ortwin Sauer (1889-1975) e Denis Edmund Cosgrove (1948-2008) desenvolveram uma abordagem dos estudos da paisagem como fenômeno cultural. "Tanto Sauer como Cosgrove estiveram profundamente vinculados à geografia histórica: a geografia do passado constituía temática fundamental para ambos, podendo-se falar que muitos dos trabalhos deles eram de geografia histórico-cultural" (Corrêa, 2014, p. 42).

Outro importante marco teórico e metodológico para a geografia humanista está pautado nas contribuições de Yi-Fu Tuan (1930-), cujo legado proporcionou uma nova forma de compreender as relações dos indivíduos com o espaço, concebendo-se o conceito de lugar como central para a compreensão fenomenológica das interações entre ambiente e sociedade. "A geografia humanista traz uma lufada de frescor a uma disciplina que a estatística tinha um tanto ressecada. Fala do homem, das suas fantasias, dos seus sonhos, do que o encanta, dos poemas nos quais se reconhece" (Claval, 2014, p. 240). Assim, consideramos que a postura fenomenológica vai se contrapor aos métodos de cunho mais exato.

Curiosidade

Edmund Husserl (1859-1938) foi um filósofo e matemático alemão conhecido por fundar a fenomenologia. Ele define seu modo de filosofar como uma ciência relacionada ao objeto intencional, o qual deve estar despojado de sua relação com a experiência.

> A preocupação central da fenomenologia husserliana é de erigir uma filosofia atrelada aos dados imediatos e inegáveis para, posteriormente, utilizá-los como embasamento para a construção de teorias. Como lema, tem-se o "retorno às próprias coisas", isto é, "buscar coisas manifestas, fenômenos tão evidentes que não possam ser negados". (Reale, 2007, p. 554)

Maurice Merleau-Ponty (1908-1961) foi um filósofo francês para quem

> as relações vivenciadas do ser humano com as coisas e as pessoas podem ser percebidas, inicialmente, em sua totalidade. Isto nos induz a entender que a pressa

> faz o homem compreender um determinado objeto como um todo, através da sua consciência perceptiva. Sendo assim, após perceber o elemento, este entra na consciência do espectador e passa a ser considerado um fenômeno. Quando o objeto adquire a forma de fenômeno, imediatamente obtém um conhecimento imaginado em toda a sua plenitude. Entretanto, quando se leva em consideração a teoria da gestalt (forma), podemos interpretar a forma como estrutura, percebendo que o todo é constituído por partes e a elas também se deve uma atenção. (Bezerra, 2015)

Carl Ortwin Sauer (1889-1975) foi um geógrafo estadunidense considerado pai da geografia cultural. As dispersões agrícolas, as origens de várias culturas, a destruição da vida vegetal e animal, os esforços do homem pela vida em condições adversas e os efeitos das mudanças climáticas atraíram a atenção acadêmica de Carl Sauer.

> Sauer considera a paisagem como o conceito-chave da geografia. A paisagem é o conjunto de formas naturais e culturais associadas em área. Materialidade e extensão são atributos essenciais da paisagem Saueriana, não se admitindo o uso do termo como metáfora, como paisagem política ou econômica. As formas que constituem a paisagem estão integradas entre si, apresentando funções que criam uma estrutura. A paisagem se constitui, assim, em uma unidade orgânica ou quase orgânica. Trata-se de morfologia na qual forma, função e estrutura são elementos centrais (SAUER, 1998-1925).

> A paisagem Saueriana, isto é, a paisagem cultural, era o resultado da ação da cultura, o agente modelador da paisagem natural. É nesse sentido que Sauer foi criticado por entender a cultura como entidade abstrata, supraorgânica, sem agentes sociais concretos, sendo gerado um quadro harmonioso: a paisagem cultural. (Corrêa, 2014, p. 41)

Yi-Fu Tuan (1930-) é um geógrafo sino-americano, considerado um dos fundadores da geografia humanista.

> Desde suas primeiras obras, principalmente na década de 1970, Yi-Fu Tuan destacou-se no pioneirismo de um humanismo, até então, sem precedentes na Geografia. Bem verdade que sua fonte de inspiração já prenunciava um outro caminho para as reflexões geográficas, porém, é com trabalhos como *Topofilia* (1980) – publicado originalmente em 1974 – e *Humanistic Geography* (1976) que Tuan levanta o estandarte de uma nova abordagem na Geografia: a Geografia Humanística, definida por ele como uma Geografia que busca entender melhor o Homem e suas condições. Desse modo, essa perspectiva geográfica não pretende ser uma ciência da terra, – ela se entrosa com as Humanidades e Ciências Sociais no sentido de que todas compartilham a esperança de prover uma visão precisa do mundo humano [...]". (Tuan, 1982, p. 143, citado por Pereira; Fernandes, 2011, p. 54, grifo do original)

1.3 Pesquisa quantitativa e pesquisa qualitativa

Uma pesquisa pode ser quantitativa e/ou qualitativa, dependendo do modo como é instrumentalizada. Os procedimentos quantitativos de pesquisa são aqueles relacionados à matematização, à estatística, à modelização, à classificação, ou seja, é a pesquisa que pode ser quantificável.

As pesquisas de abordagem quantitativa têm em comum o registro de uma maior quantidade de informações e o uso do método dedutivo para a resolução do problema de pesquisa. Por isso, o emprego de procedimentos de análise estatística é fundamental (Barros; Reis, 2003). Já a pesquisa qualitativa utiliza métodos que valorizam a aproximação entre o pesquisador e o objeto pesquisado por meio da observação. Vamos compreender um pouco quais são as diferenças existentes entre o método qualitativo e o método quantitativo. No Quadro 1.1, extraído de Souza Júnior (2009), podemos comparar alguns critérios que pautam os dois métodos, com base na análise das obras *Pesquisa qualitativa com texto, imagem e som*, de Bauer e Gaskell (2002), e *Avaliação por triangulação de métodos* e *O desafio do conhecimento*, de Minayo (2005 e 1998).

Quadro 1.1 – Prós e contras para o uso do método quantitativo e do método qualitativo[viii]

	Método QUANTItativo	Método QUALItativo
UTILIZAÇÃO	Descrição de uma variável (tendência e dispersão) ou sua divisão por categorias e descrição de suas frequências de forma a permitir a identificação por amostragem do universo investigado.	Apreensão do contexto no qual o fenômeno ocorre, permitindo a apreensão da intencionalidade dos indivíduos ou grupos que se expressam por meio do discurso (texto, voz, símbolos, imagens etc.).
FORMAS DE EXPRESSÃO	Por amostragem (aleatória e estratificada), de forma a obter um parâmetro da ocorrência do fenômeno em determinado universo.	Compreende que a sociedade é constituída por grupos que se expressam por meio de sujeitos coletivos. Busca-se a representação elaborada.
TÉCNICAS	Uso de técnicas que propiciem a mensuração (questionários, matrizes, gráficos etc.); perguntas objetivas.	Valoriza a aproximação do pesquisador com o pesquisado por meio da observação (direta ou participante) e de entrevistas; valoriza a formação de tópicos-guia (entrevista temática) em vez de perguntas.

(continua)

---

viii. Etimologia: "A palavra etimologia, *etymology* em inglês, vem do grego *étumos* (real, verdadeiro) + *logos* (estudo, descrição, relato) e significa hoje o estudo científico da origem e da história de palavras. Conhecer a evolução do significado de uma palavra desde sua origem significa descobrir seu verdadeiro sentido e conhecê-la de forma mais completa. O estudo etimológico de palavras, além do aspecto curioso, demonstra as origens comuns e as semelhanças encontradas no plano de vocabulário entre as línguas europeias, como é o caso do inglês e do português" (Schütz, 2018).

Qualitativo vem do latim *qualitativus*, que denota qualidade. Faz referência à qualidade, à natureza dos objetos (Qualitativo, 2022).

Quantitativo vem do latim *quantitativus*, relativo à quantidade ou sua medição. Faz referência à quantidade dos objetos; diz respeito a valor ou quantidade numérica (Quantitativo, 2022).

(Quadro 1.1 - conclusão)

	Método QUANTItativo	**Método QUALItativo**
POTENCIALI-DADES	Amostra de grandes partes segundo parâmetros matemáticos de amostragem e mensuração.	Por observar o discurso do sujeito coletivo, permite uma apreensão do fenômeno em sua essência (comportamentos, valores etc.).
LIMITAÇÕES	As respostas são pouco criativas e críticas, além de serem superficiais, o que leva ao risco de mal-entendidos ou de análises equivocadas; incertezas quanto à expressão coletiva do fenômeno, especialmente quando se trata de questões de ordem social.	O trabalho para a organização é muito intensivo e complicado, o que pode levar o pesquisador a cometer alguns equívocos, como, por exemplo, a definição do tópico-guia (roteiro da entrevista) e o uso de termos impróprios ao tipo de pesquisa (amostra, dados, percentual etc.); a análise do texto exige um rigor científico quanto ao procedimento de todas as etapas.
PRINCIPAIS DIFERENÇAS (Bauer; Gaskell, 2020, p. 22-23)	"[...] lida com números, usa modelos estatísticos para explicar os dados e é considerada pesquisa *hard*".	"[...] evita números, lida com interpretações das realidades sociais, e é considerada pesquisa *soft*".

Fonte: Souza Júnior, 2009, p. 33.

Ao observarmos o quadro comparativo entre os diferentes tipos de pesquisa, podemos inferir que a pesquisa qualitativa se preocupa em saber como os sujeitos se expressam por meio de diferentes tipos de representação. Concluímos, então, que as representações podem ser utilizadas como fontes de investigação, sendo comum encontrar pesquisas que fazem uso de mapas mentais, fotos, entrevistas, desenhos, música, textos como suporte à investigação e, com base nessas fontes, são aplicadas técnicas para extrair os conteúdos que se pretende revelar sobre os indivíduos e a sociedade pertencentes a dado lugar.

1.4 Pesquisa em geografia: questões conceituais

Ao propormos uma pesquisa em geografia, devemos considerar não somente os marcos teóricos aos quais a pesquisa se refere, mas também os conceitos-chave da geografia (paisagem, região, território, lugar e espaço geográfico), que devem ser levados em conta no momento da análise geográfica. Também é necessário considerar a escala mais apropriada.

Para a realização de um estudo, são utilizados os conceitos associados às categorias de análise, como "território, natureza, espaço, lugar, região, paisagem ou categorias de análise como territorialidades, desterritorialização, fixos, fluxos, redes, local, global, etc." (Borges, 2016, p. 13).

Ao pesquisador ou grupo de pesquisa cabe a decisão, com base na literatura científica, de quais são os conceitos mais apropriados a se utilizar. Para isso, podem ser realizados levantamentos bibliográficos e bibliométricos, os quais contribuem para o entendimento do panorama da temática de pesquisa e quais técnicas, métodos e conceitos já foram referendados ou refutados pela comunidade científica.

Os conceitos-chave da geografia dizem respeito à matriz de conhecimento em que cada um deles foi desenvolvido. A seguir, no Quadro 1.2, apresentamos uma síntese com a finalidade de ajudar os novos pesquisadores em geografia a compreender os entrelaçamentos conceituais necessários para dar seguimento à sua pesquisa. Essa síntese aponta alguns marcos teóricos conceituais, não representando todo o amplo espectro de influências e pesquisadores que se dedicaram ao estudo dos conceitos da geografia.

Quadro 1.2 – Síntese conceitual

Categorias	Região	Território	Lugar	Espaço	Paisagem	Paisagem cultural
Conceitos associados	Regionalização, território, estado, fitogeografia, domínios morfoclimáticos, espaço vital	Territorialização, desterritorialização, reterritorialização, territorialidade, poder, estado	Territorialidade, espaço vivido, região	Redes, fixos, fluxos, urbano, rural, população	Natureza, meio físico, meio antrópico, geossistema, ecossistema, meio ambiente	Linguagem, territorialidade, identidade
Marcos conceituais internacionais	Immanuel Kant, Paul Vidal de La Blache, Friedrich Ratzel, Richard Hartshorne, Alfred Hettner	Friedrich Ratzel, Halford Mackinder, Élisée Reclus, Claude Raffestin, Yves Lacoste	Yu-Fu Tuan, Edward Relph, Anne Buttimer, Armand Frémont, Paul Claval	Yves Lacoste, Pierre George, Henry Lefebvre, David Harvey	Alexander von Humboldt, Viktor Borisovich Sochava, Jean Tricart, George Bertrand	Carl Sauer, Denis Cosgrove
Marcos conceituais nacionais	Milton Santos, Sandra Lencioni	Rogério Haesbaert, Bertha Becker, Marcos Aurélio Saquet	Zeny Rosendahl, Roberto Lobato Corrêa, Lívia de Oliveira	Milton Santos, Orlando, Valverde, Bertha Becker	Aziz Nacib Ab'Saber, Carlos Augusto de Figueiredo Monteiro	Roberto Lobato Corrêa, Werther Holzer

(continua)

(Quadro 1.2 – continuação)

Categorias	Região	Território	Lugar	Espaço	Paisagem	Paisagem cultural
Influências teóricas	Immanuel Kant, Auguste Comte	Karl Marx, Friedrich Engels, Henry Lefebvre, Lenin, István Mészáros, Piotr Kropotkin, Jean Gottmann	Martin Heidegger, Maurice Merleau-Ponty, Edmund Husserl, Ernst Cassirer	Karl Marx, Friedrich Engels, Henry Lefebvre, Lenin, István Mészáros,	Ernst Haeckel, Ludwig von Bertalanffy	Martin Heidegger, Maurice Merleau-Ponty, Edmund Husserl, Ernst Cassirer
Disciplinas associadas	Geografia regional, geografia política, biogeografia, geomorfologia, climatologia, planejamento regional e territorial	Geopolítica, geografia urbana, geografia agrária, geografia das redes	Geografia cultural, geografia das religiões, geografia do turismo	Geografia urbana, geografia agrária, geografia industrial, geografia econômica, geografia da população, geografia das redes, planejamento regional e territorial	Geomorfologia, biogeografia, climatologia, pedologia, hidrogeografia, planejamento regional e territorial, ecologia da paisagem	Geografia cultural, geografia da percepção, antropologia

(Quadro 1.2 - conclusão)

Categorias	Região	Território	Lugar	Espaço	Paisagem	Paisagem cultural
Método de abordagem	Hipotético-dedutivo	Dialético, hipotético-dedutivo	Fenomenológico	Materialismo histórico-dialético	Hipotético-dedutivo, sistêmico	Fenomenológico, dialético
Escalas mais utilizadas	Global, nacional, estadual, municipal, continental	Global, nacional, estadual, municipal, continental	Local	Nacional, estadual, municipal, regional	Global, nacional, estadual, municipal, continental, regional	Local, global, nacional, estadual, municipal continental, regional

Conforme exposto no Quadro 1.2, cada abordagem deve considerar uma escala adequada de análise. Entre os pressupostos metodológicos presentes nos estudos geográficos, talvez este seja um dos mais importantes: escolher a escala adequada para a análise de um fenômeno é fundamental para colher os resultados esperados de uma hipótese científica. De acordo com Menezes e Fernandes (2013, p. 50),

> A escala cartográfica vem a ser um fator determinante para delimitação do espaço físico, grau de detalhamento de uma representação ou identificação de feições geográficas, uma vez que a própria percepção espacial depende da amplitude da área de estudo. Essa amplitude é definida pelas dimensões lineares da área no terreno e na representação. Dessa forma existe uma razão matemática, topográfica e métrica associada à escala cartográfica, o que não significa que ela responde unicamente por suas propriedades matemáticas. Com a escala cartográfica, a informação geográfica poderá ser visualizada segundo diferentes níveis de detalhamento, proporcionando diferentes possibilidades de interpretação.

No Quadro 1.3, apresentamos, de forma resumida, as escalas que usualmente são aplicadas aos estudos geográficos – cada uma delas pode ser utilizada para buscar compreender fenômenos específicos. Se você está iniciando na pesquisa em geografia, deve levar em consideração esses parâmetros de escala para alcançar resultados mais profícuos em sua investigação.

Quadro 1.3 – Adequação da escala ao fenômeno investigado

Adequação da escala	Representação	Escala	Aplicações
Local	Crianças em escola no centro da Cidade do Cabo – África do Sul	Grande Escala do indivíduo De 1:1 até 1:2.000	Escala individual. Imagens, obras de arte, mapas mentais, croquis, planta baixa
Municipal	Imagem de satélite oblíqua da Cidade do Cabo – África do Sul	Grande Escala de detalhe De 1:2.000 até 1:25.000	Porções do espaço que apresentem bom nível de detalhamento. Mapas de cidades, bairros ou mesmo mapas físicos em detalhe
Regional	Mapa da Região de Cabo Oeste – África do Sul	Média Escala de semidetalhe Acima de 1:25.000 até 1:250.000	Análise regional do espaço. Mapas de cidades, estados, bacias hidrográficas, vegetação, clima regional

(continua)

(Quadro 1.3 - conclusão)

Adequação da escala	Representação	Escala	Aplicações
Nacional	Mapa político da África do Sul	Média Escala de semidetalhe Acima de 1:25.000 até 1:250.000	Análise nacional ou regional do espaço. Divisões administrativas, bacias hidrográficas, vegetação, clima, solos, geologia, geomorfologia
Continental	Mapa físico do continente africano	Pequena Escala de síntese Acima de 1:250.000	Análises generalizantes. Economia, população, redes, bacias hidrográficas, vegetação, clima, solos, geologia, geomorfologia
Global	Planisfério das médias de temperatura	Pequena Escala de síntese Acima de 1:250.000	Análises generalizantes. Economia, população, redes, bacias hidrográficas, vegetação, clima, solos, geologia, geomorfologia

Monkey Business Images, mocho, Bardocz Peter, Rainer Lesniewski e Naeblys/Shutterstock

Por fim, e sem esgotar o tema de introdução à pesquisa em geografia, é necessário considerar que um bom trabalho científico deve seguir critérios pormenorizados e obedecer à metodologia estabelecida, atendendo às demandas da comunidade científica por objetividade. Ainda que a pesquisa seja de caráter subjetivo, a estrutura de apresentação de uma pesquisa científica deve ser rigorosa e conter todos os passos metodológicos utilizados pelo pesquisador para chegar a um resultado consistente. Na Figura 1.6, a seguir, podemos observar a organização da metodologia científica de acordo com as teorias, os métodos e os procedimentos metodológicos empregados para se alcançarem os resultados esperados no âmbito da ciência.

Figura 1.6 – Síntese – metodologia científica

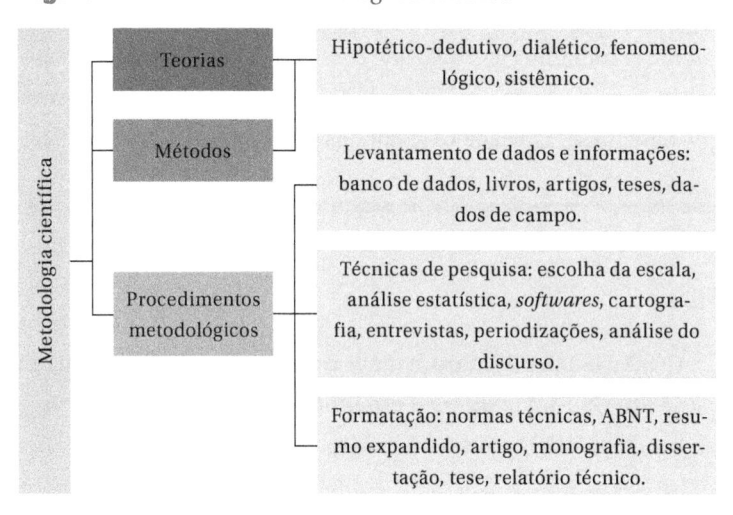

Metodologia científica:
- Teorias: Hipotético-dedutivo, dialético, fenomenológico, sistêmico.
- Métodos
- Procedimentos metodológicos:
  - Levantamento de dados e informações: banco de dados, livros, artigos, teses, dados de campo.
  - Técnicas de pesquisa: escolha da escala, análise estatística, *softwares*, cartografia, entrevistas, periodizações, análise do discurso.
  - Formatação: normas técnicas, ABNT, resumo expandido, artigo, monografia, dissertação, tese, relatório técnico.

Ao longo deste livro, abordaremos as diferentes formas de elaborar uma pesquisa, tanto de cunho quantitativo quanto de cunho qualitativo, em diferentes disciplinas da geografia humana e da geografia física.

Síntese

Neste capítulo, apresentamos as bases do conhecimento científico da sociedade ocidental, destacando marcos conceituais que auxiliaram na produção dos métodos científicos utilizados pelos geógrafos na atualidade. As referências aos pioneiros na ciência e na geografia quanto ao desenvolvimento de métodos próprios dessa área do conhecimento possibilitaram realizar uma ancoragem nos conceitos-chave da geografia como forma de evidenciar a importância de se conhecer o objeto de estudo antes de se partir para uma investigação de fato.

Cabe ao pesquisador compreender a abrangência de seu tema de estudos, concentrar-se em seu objeto e partir do entendimento de que a ciência se constrói em etapas, de acordo com uma metodologia e um planejamento de pesquisa, de modo que se possa executar um trabalho científico que contribua para a sociedade, sendo papel do cientista apresentar todos os passos da pesquisa para que possam ser checados e validados pela comunidade científica.

Indicações culturais

Vídeo

COSMOS BRASIL. **Eratóstenes e a circunferência da Terra**. 15 abr. 2015. Disponível em: <https://www.youtube.com/watch?v=VHCAgniEVto>. Acesso em: 26 jan. 2022.

Nesse vídeo, Carl Sagan, grande expoente da divulgação científica no mundo, demonstra como Eratóstenes calculou a circunferência aproximada da Terra em cerca de 200 a.C., por meio de cálculos matemáticos e observações.

Filmes

MONTANHAS da Lua. Direção: Bob Rafelson. Produção: Daniel Melnick. Estados Unidos, 1990. 136 min.

O filme narra os acontecimentos da expedição do capitão Richard Francis Burton e do tenente John Hanning Speke para encontrar a nascente do Rio Nilo, em nome do Império Britânico, na época sob o comando da Rainha Vitória. Nessa obra, é apresentada a história de amizade entre eles em meio às dificuldades, sendo representado o contexto das competições entre expedições científicas no século XIX, bem como o processo de neocolonialismo que levou à partilha do continente africano.

PONTO de mutação. Direção: Bernt Capra. Estados Unidos, 1990. 112 min.

Esse filme foi baseado na obra homônima escrita por Fritjof Capra. O enredo retrata o encontro de uma física, um político e um poeta no Monte Saint-Michel, na França, onde eles conversam sobre ciência, sociedade e filosofia e a influência da visão mecanicista de mundo na sociedade. Os diálogos profundos entre os personagens revelam a importância da visão sistêmica para a compreensão do mundo.

Atividades de autoavaliação

1. Sobre a distinção entre senso comum e conhecimento científico, analise as afirmativas a seguir.

    I. Todo conhecimento científico deve estar alicerçado no conhecimento vulgar, ou senso comum, pois é a percepção da sociedade em relação aos fenômenos que deve nortear a pesquisa científica.

II. Todo conhecimento vulgar, advindo do conhecimento científico, é uma evidência de que a ciência sempre está correta, por isso é validada pela sociedade.

III. O conhecimento científico se diferencia do senso comum ao utilizar métodos científicos validados pela comunidade científica para fazer afirmações sobre quaisquer fatos ou fenômenos existentes.

Agora, assinale a alternativa correta:

a) Todas as afirmativas estão corretas.
b) Apenas as afirmativas I e II estão corretas.
c) Apenas as afirmativas II e III estão corretas.
d) Apenas a afirmativa II está correta.
e) Apenas a afirmativa III está correta.

2. Leia o trecho a seguir:

O **conhecimento científico** difere dos demais tipos de conhecimento sobretudo pela aplicação do método; além desse critério, para que possamos considerar um conhecimento como sendo científico, ele deve cumprir alguns prerrequisitos.

Associe os requisitos necessários ao conhecimento científico às respectivas definições:

I. Factual
II. Contingente
III. Sistemático
IV. Verificável
V. Falível
VI. Aproximadamente exato

( ) O que não pode ser comprovado não é do âmbito da ciência.
( ) A veracidade ou falsidade do conhecimento produzido pode ser conhecida por meio da experiência.
( ) Novas descobertas podem reformular o acervo de ideias existente.
( ) É ordenado logicamente em um sistema de ideias.
( ) Lida com ocorrências e fatos reais.
( ) Não é definitivo, absoluto.

Agora, assinale a alternativa que apresenta a sequência correta:

a) I, III, V, II, VI, IV.
b) II, I, III, V, IV, VI.
c) III, VI, I, IV, V, II.
d) IV, II, VI, III, I, V.
e) VI, V, IV, I, II, III.

3. A seguir, listamos alguns dos precursores dos diversos métodos científicos. Associe cada pesquisador à respectiva teoria.

I. Galileu Galilei
II. René Descartes
III. Francis Bacon
IV. Immanuel Kant
V. Auguste Comte

( ) Propôs como ponto de partida de todo conhecimento a busca da verdade primeira que não pudesse ser posta em dúvida. Por isso, converteu a dúvida em método.
( ) Afirma que a ordem não comporta transformações bruscas de progresso, é linear e cumulativa, sem rupturas, sendo o último conhecimento sempre mais evoluído que o anterior.

( ) Afirma em seus estudos que a natureza do conhecimento científico parte de um ponto de análise inicial produzido por um sujeito, ou seja, que a síntese primeira realizada pelo sujeito é apenas fruto de sua percepção sobre o objeto, e não a verdade em si.

( ) Propôs uma separação entre a ciência e as humanidades e foi forte propulsor do empiricismo, difundindo a crença de que o ponto de partida de todo conhecimento deveria ser a observação, a descrição fiel da realidade, isenta de julgamentos e interpretações.

( ) Foi, sobretudo, quem enfatizou a atitude empírica na pesquisa científica, buscando medir os fenômenos e fazer observações quantitativas.

Agora, assinale a alternativa que apresenta a sequência correta:

a) I, III, II, V, IV.
b) II, V, IV, III, I.
c) III, IV, I, II, V.
d) IV, II, V, I, III.
e) V, I, III, IV, II.

4. Leia o trecho a seguir:

Buscando compreender a dinâmica social de seu tempo e pautados na dialética hegeliana, os teóricos Karl Marx (1818-1883) e Friedrich Engels (1820-1895) compreendiam o trabalho como uma das maneiras de os seres humanos incorporarem a natureza na vida social.

Marque a alternativa correta em relação ao método desenvolvido por Marx e Engels:

a) Marxismo radical.
b) Socialismo utópico.
c) Materialismo histórico-dialético.
d) Teoria geral dos sistemas.
e) Fenomenologia aplicada.

5. Associe corretamente os diferentes métodos de abordagem da geografia apresentados neste capítulo às suas definições.

   I. Hipotético-dedutivo
   II. Dialético
   III. Fenomenológico
   IV. Sistêmico

   ( ) Aproximação dos fenômenos por meio de uma ação de reciprocidade; parte da ideia de que existe uma contradição inerente ao fenômeno.
   ( ) Aplicação de deduções e de procedimentos repetitivos que vão ou não confirmar as hipóteses.
   ( ) Constituído por uma série de componentes inter-relacionados que trabalham em conjunto para alcançar objetivos comuns.
   ( ) Compreensão da realidade a partir da percepção do sujeito (consciência), sendo a avaliação do sujeito intencional, e não dissociada do objeto.

Agora, marque a alternativa que apresenta a sequência correta:

a) II, I, IV, III.
b) II, III, I, IV.
c) III, IV, II, I.
d) IV, I, III, II.
e) IV, II, I, III.

Atividades de aprendizagem

Questões para reflexão

1. Ao observar determinada paisagem geográfica, quais perguntas você faria? Colocando-se no lugar de observador do espaço geográfico, como você explica as características e transformações da paisagem? Quais elementos são necessários para se chegar a uma conclusão sobre os processos temporais existentes no que se observa?

2. Ainda pensando na mesma paisagem considerada na atividade anterior, tente elencar os diferentes compartimentos nela presentes, suas interações, as dinâmicas históricas e da natureza. Perceba o que inquieta seu raciocínio e aquilo que você não consegue explicar racionalmente. Faça anotações sobre suas inquietações e busque encontrar fundamentos teóricos e empíricos para resolvê-las.

Atividade aplicada: prática

1. Agora, você é o(a) pesquisador(a). Proponha-se a realizar o esboço de um projeto de pesquisa. Busque conhecer o objeto de pesquisa que você deseja investigar. Procure fontes (livros, artigos, filmes etc.) que possam ajudá-lo a entender o universo relacionado a tal objeto. Depois, selecione fontes de dados para que essa pesquisa possa começar a ser operacionalizada. Estruture seu projeto e faça um texto de uma página contendo as principais informações sobre a pesquisa: tema principal (objeto de investigação), objetivos da pesquisa, hipótese, justificativa, principais teóricos relacionados ao tema.

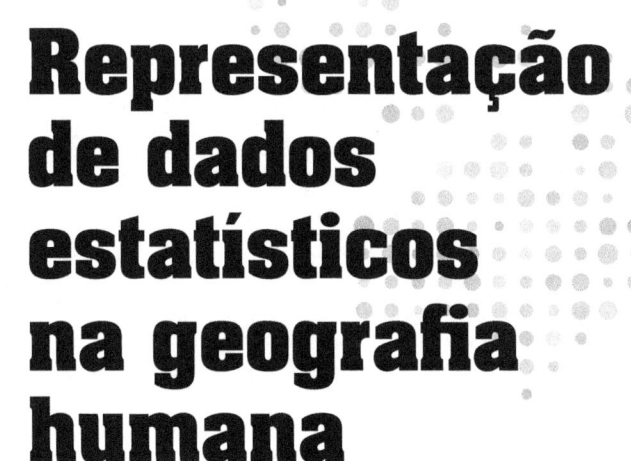

2 Representação de dados estatísticos na geografia humana

O objetivo deste capítulo é iniciar o estudante na leitura de dados estatísticos. Ele está estruturado para que você, leitor, compreenda a base de dados oficial do Instituto Brasileiro de Geografia e Estatística (IBGE) e consiga tratar esses dados ao realizar uma análise espacial em diferentes escalas, mediante o estudo das distintas realidades do Brasil sob o ponto de vista da geografia humana.

Para começar, vamos relembrar que este livro trata de técnicas de pesquisa em geografia. Tradicionalmente, a geografia está dividida em geografia humana e geografia física, sendo a primeira voltada aos aspectos do meio físico e a segunda aos estudos da sociedade, observando-se em ambos os casos as dinâmicas entre sociedade e natureza. As disciplinas da geografia humana são a geografia econômica, a geografia da população, a geografia urbana, a geografia política e a geografia regional, as quais propiciam diversas possibilidades de estudo da relação entre sociedade e natureza, podendo ser aplicadas em todas as disciplinas da geografia humana e também da geografia física.

O estudo da representação dos dados estatísticos que veremos ao longo deste capítulo serve, especialmente, para a organização e a análise de tais dados no âmbito da geografia humana. Apresentaremos aqui um passo a passo detalhado para o desenvolvimento da pesquisa quantitativa e para a iniciação do pesquisador estudo básico da estatística, bem como da organização e análise dos dados.

2.1 Evolução das informações geográficas

Primeiramente, devemos situar o momento em que estamos em relação aos estudos geográficos, desenhando uma breve linha do tempo.

Como vimos no Capítulo 1, a geografia, como ciência, foi institucionalizada no século XIX e, a partir de então, passou a ser vista de forma científica; porém, antes dessa data ela já existia. De início, é importante destacar a diferença entre o conhecimento do saber geográfico e o da ciência geográfica. O saber geográfico está "presente em todos os tempos e em todas as civilizações" (Dantas; Medeiros, 2011, p. 10). Desde o tempo em que o homem era nômade, o conhecimento geográfico era importante para sua sobrevivência; ele observava a natureza e seus ciclos a fim de coletar informações e tomar a decisão acerca do melhor local para se instalar (mesmo que de forma passageira). Para o homem nômade, era preciso saber o melhor caminho a ser percorrido e suas direções. Assim, tiveram início as primeiras indagações geográficas.

Com o tempo, o homem deixou de ser nômade e passou a fixar-se em um local, dando início, assim, a uma frágil estrutura de sociedade. Os registros geográficos eram ainda rudimentares, contudo foram fundamentais para o que conhecemos hoje sobre a geografia. Eratóstenes (276 a.C.-194 a.C.) demonstrou a curvatura da Terra e localizou mares, montanhas, cidades e rios em um sistema de coordenação geográfica que incluía latitudes e longitudes. Já Estrabão (64 a.C.-20 d.C.) cultivou uma visão mais humana e foi um grande viajante, tendo descrito várias partes do mundo daquela época. Hoje, é considerado um dos mais importantes geógrafos da Antiguidade. Não podemos deixar de citar Ptolomeu (90 d.C.-168 d.C.), que propôs princípios da construção de globos e projeções cartográficas (Dantas; Medeiros, 2011). Existem outros exemplos que poderiam ser mencionados aqui, mas a intenção é apenas ressaltar que o conhecimento cartográfico era gerado de forma aleatória.

Durante o Iluminismo, teve início a Revolução Científica, ao final do século XVII, havendo uma discussão sobre a condição da geografia como ciência, assim como ocorreu com outras áreas. O movimento iluminista, com a mudança de paradigma de uma sociedade medieval para uma sociedade capitalista, aliado ao desenvolvimento tecnológico, acarretou mudanças sociais profundas, tais como a crescente circulação de bens, a expansão comercial, a dominação de novos territórios, a circulação de fluxos, a circulação de mercadorias e a invenção e produção de máquinas.

Movida pelos avanços científicos, a geografia deixou de ser um agregado de nomes e números e passou a ser uma ciência explicativa. Nesse contexto, Dantas e Medeiros (2011, p. 88) afirmam que o surgimento da geografia moderna como ciência ocorreu em razão do:

a. efetivo conhecimento do planeta (alargamento do horizonte geográfico, ampliação do ecúmeno – áreas da Terra habitadas pelo homem);
b. acúmulo de informações sobre os diferentes lugares;
c. aperfeiçoamento das técnicas cartográficas;
d. desenvolvimento do conhecimento científico-filosófico.

Atualmente, o levantamento de dados para o desenvolvimento de pesquisas em geografia humana está cada vez mais fácil, por conta de sua disponibilidade. Em contrapartida, esse levantamento tem se tornado cada vez mais complexo, graças à quantidade de dados que são gerados todos os dias no mundo.

Para que possamos ter noção da quantidade e do impacto dos dados atuais, os principais institutos de pesquisa estão trabalhando com ferramentas de tecnologia da informação que são úteis para a interpretação das informações. Por exemplo, podemos citar o *Big Data* do IBGE, utilizado para organizar os dados que são coletados frequentemente e, em muitos casos, até diariamente. O *Big Data* está transformando a forma de se fazer ciência na geografia, pois tem diversas finalidades, e os dados podem ser organizados em diferentes escalas, modos de distribuição e categorias. Como a velocidade de criação de dados é contínua, surge a necessidade do uso de novas tecnologias de armazenamento.

O *Big Data* organiza o acesso às informações e também sua análise ao reuni-las em conjunto com o sistema de coordenadas geográficas, no qual é possível obter informações para serem inseridas nos mapas. O *Big Data*, aliado aos dados demográficos, por exemplo, pode ser importante para compreender melhor as características das populações residentes em determinada região. Ainda há muito o que avançar em relação à qualificação dos profissionais que integram tanto a geografia (principalmente a análise espacial) quanto o campo do georreferenciamento no que se refere aos conhecimentos de tecnologia da informação e comunicação. Laboratórios de pesquisa em geografia humana, como o Géographie-cités, da Universidade de Paris 1, trabalham com geógrafos, analistas de dados e programadores em uma equipe multidisciplinar para a realização de pesquisas[i].

É importante pensar sobre as possibilidades que se abrem no mercado de trabalho para o bacharel em Geografia, pois cada vez mais serão necessários profissionais nessa área, sendo o grande desafio a disponibilidade de profissionais qualificados em análise espacial, que dominem ferramentas de análise de dados, as quais **não** são mais uma exclusividade dos profissionais de tecnologia da informação (TI). Caso tenha interesse em buscar cursos complementares ou profissionais que atendam a essa demanda, pesquise na Plataforma Lattes e forme parcerias.

Importante!

"O Currículo Lattes se tornou um padrão nacional no registro da vida pregressa e atual dos estudantes e pesquisadores do país, e é hoje adotado pela maioria das instituições de fomento, universidades e institutos de pesquisa do País. Por sua riqueza de informações e sua crescente confiabilidade e abrangência, se tornou elemento indispensável e compulsório à análise de mérito e competência dos pleitos de financiamentos na área de ciência e tecnologia" (Brasil, 2022b).

Se você ainda não tem seu currículo Lattes, aproveite a oportunidade para se cadastrar no *site* e inserir-se oficialmente no mundo da pesquisa: <http://lattes.cnpq.br/>. Essa plataforma é importante para o registro de suas pesquisas e publicações. Não perca tempo!

---

i. As autoras tiveram a oportunidade de realizar parte de suas pesquisas de doutorado na Universidade de Paris 1, no laboratórios Géographie-cités. Para saber mais, acesse o *site* da instituição, disponível em: <https://www.parisgeo.cnrs.fr/>. Acesso em: 21 jan. 2022.

A análise espacial também pode ser utilizada como ferramenta comercial. Veja o Google: ele capta sua coordenada geográfica e oferece os produtos que estão próximos a você. Não é apenas "perseguição" quando você procura, por exemplo, uma máquina de lavar na internet e depois todos os *links* que você abre, desde sua rede social até as páginas na *web*, oferecem o mesmo produto. Reflita e perceba como a análise espacial está mais presente em nosso dia a dia do que muitas pessoas acreditam, por isso estudar sobre esse assunto é tão interessante.

A geografia humana pode ser estudada por diferentes vieses e perspectivas, os quais discutiremos no decorrer deste livro. Inicialmente, é importante ter conhecimento dos passos necessários para iniciar uma pesquisa em geografia humana, utilizando, principalmente, dados quantitativos.

Agora, é hora de você se colocar no lugar de um(a) pesquisador(a) para começar a aventura no mundo da pesquisa. Na sequência, discutiremos as etapas mais comuns e necessárias para o desenvolvimento de uma pesquisa. Lembramos que, se este guia for utilizado para a realização de trabalhos de conclusão de curso, a orientação do professor é prioritária. Este material também pode servir para a leitura de estatísticas, com o objetivo de incentivar o cidadão a fazer uma leitura crítica da realidade.

2.2 Passos iniciais para a pesquisa quantitativa

As pesquisas de abordagem quantitativa usam os métodos indutivo e hipotético-dedutivo (descritos no Capítulo 1) para a resolução de problemas de pesquisa. As análises estatísticas, por sua vez, podem aprimorar a descrição das informações coletadas, sendo possível a realização de uma discussão mais detalhada e profunda dos dados. A Figura 2.1 indica as etapas mais comuns da pesquisa quantitativa, que serão abordadas com mais detalhes na sequência. Já nos Capítulos 3 e 4 veremos o passo a passo da pesquisa quantitativa voltada para as disciplinas de geografia da população e geografia econômica e industrial.

Figura 2.1 - Etapas da pesquisa

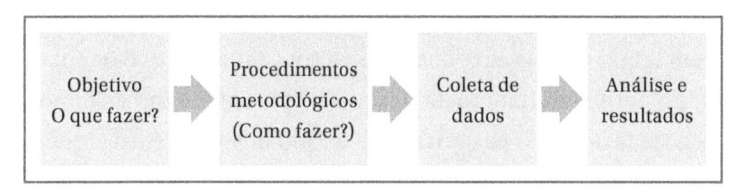

| Objetivo O que fazer? | → | Procedimentos metodológicos (Como fazer?) | → | Coleta de dados | → | Análise e resultados |

Essas etapas serão muito úteis para a produção de sua pesquisa, por isso sugerimos que você retorne a essa figura para consulta, em caso de dúvidas.

2.2.1 Qual é o problema da pesquisa?

Toda pesquisa começa por um **problema**. Aqui, cabe lembrar aquela frase famosa no meio acadêmico: "É mais importante ter uma boa pergunta que uma boa resposta". Então, para ser um bom pesquisador, o primeiro passo é ativar o senso de observação e levantar os problemas existentes ao seu redor. Observe os exemplos:

a. O crime no município aumentou em 20% no último ano.
b. A população está envelhecendo muito rápido.
c. O congestionamento nas horas de *rush* gera uma alta taxa de monóxido de carbono nas ruas e atinge a saúde da população.
d. A taxa de desemprego aumentou durante a pandemia.

Depois de refletir sobre qual é o problema que você gostaria de estudar e pesquisar mais, é hora de elaborar um **objetivo**. A criação de um objetivo de pesquisa parte de um pensamento que pode surgir de forma espontânea, mais ou menos como um *insight* e uma observação da realidade.

Quando o objetivo da pesquisa está maduro, você consegue responder às seguintes perguntas: **O quê? Onde? Quando?** Ao obter essas respostas, o recorte temporal e espacial da pesquisa está definido. Quanto mais claro for o objetivo, melhor ele será comunicado. Um teste para descobrir se seu objetivo está claro consiste em tentar dizê-lo em poucas palavras. Clareza é fundamental para o desenvolvimento da pesquisa. "O objetivo indica o que você vai fazer. Uma pesquisa deve ter um objetivo central (questão motriz) e, eventualmente, objetivos específicos que convirjam a ele" (Venturi, 2008, p. 8).

É importante destacar que o objetivo precisa ser exequível no tempo previsto e com os recursos disponíveis. Caso contrário, sua pesquisa torna-se inviável. Por exemplo: "O objetivo desta pesquisa é explicar o processo de urbanização de São Paulo sob os aspectos social, cultural, econômico, ambiental, psicológico, antropológico e teológico, tudo dentro de uma abordagem holística [...]. Admita que o tempo é limitado e opte por explicar partes da realidade" (Venturi, 2008, p. 8).

No caso do exemplo dado, o objetivo é muito amplo, demandando muito tempo para explicar todo o processo de urbanização de São Paulo sob todos esses vieses. Lembre-se de que o objetivo deve ser viável e acessível. Sempre considere o tempo disponível para a elaboração de sua pesquisa. Trabalhos de conclusão de curso têm um cronograma de tempo a ser seguido, e o objetivo precisa estar alinhado com ele.

2.2.2 Como você vai fazer a pesquisa?

Após a elaboração do objetivo, o próximo estágio da pesquisa em geografia humana é responder como você vai desenvolvê-la. Geralmente, utilizamos um instrumento apropriado (como questionário, entrevistas etc.). Tudo depende do objetivo de sua pesquisa e da forma como vai realizá-la: se é uma pesquisa quantitativa ou qualitativa, ou contempla as duas formas (se você apresenta dúvidas sobre a forma como vai abordá-la, sugerimos que retorne ao Capítulo 1 e observe a diferença entre uma e outra). Se seu objetivo, por exemplo, é verificar a importância da realização da coleta seletiva de lixo em determinado município, pode ser interessante realizar entrevistas com autoridades locais e anotar as observações feitas para se aprofundar na questão ou até mesmo elaborar um questionário e coletar as informações da amostragem da população.

Quando o instrumento de pesquisa é um questionário, as perguntas podem ser abertas ou fechadas. As perguntas abertas são aquelas em que o entrevistado tem a opção de explanar mais sobre o assunto em pauta. Por exemplo: Que desafios você enfrenta na administração da coleta seletiva do município X? Qual problema você espera ser resolvido com a nova política social voltada aos agentes ambientais? Geralmente, as perguntas abertas são mais utilizadas em pesquisas qualitativas.

Para a pesquisa quantitativa, as perguntas fechadas são mais comuns porque você consegue montar uma base de dados com as respostas obtidas, já que são apresentadas opções pré-selecionadas e o respondente realiza a seleção de acordo com o que pensa a respeito daquilo que está sendo questionado.

Considerando o mesmo exemplo, teríamos: Você separa o lixo reciclável da sua casa? Resposta: sim ou não. O caminhão de coleta de lixo reciclável passa na sua casa? Resposta: sim ou não. Ao final, você consegue contar quantas pessoas responderam que separam o lixo, quantas pessoas não separam o lixo e quantas pessoas sabem se o caminhão recolhe o lixo reciclável.

Vejamos outro exemplo: digamos que você queira avaliar o grau de satisfação do usuário final do transporte público por meio de uma pesquisa quantitativa. Então, você faz um questionário com os aspectos que quer avaliar e formula perguntas fechadas com as seguintes opções: "Concordo totalmente", "Concordo", "Neutro", "Discordo" e "Discordo totalmente". Depois, você pede para cada usuário escolher a categoria conforme o que pensa a respeito do tema. Ao final, você tem dados para avaliar a opinião do usuário de transporte.

Esse é apenas mais um exemplo para que você entenda que seu objetivo vai definir os próximos passos da pesquisa. A forma como você realizará a pesquisa corresponde aos **procedimentos metodológicos**. O caminho escolhido, como vimos, pode ser uma pesquisa quantitativa, por meio da elaboração de questionários e da **coleta de dados**, isto é, o pesquisador pode sair a campo. No exemplo anterior, a coleta de dados poderia ser realizada dentro de ônibus, nos terminais e nos pontos de ônibus. É importante que a coleta de dados seja condizente com o objetivo da pesquisa.

A coleta de dados em pesquisas quantitativas também pode ser feita por meio de pesquisas de dados estatísticos em bases confiáveis, como veremos ao longo deste capítulo, e ainda mediante sua aplicação prática, conforme discorreremos nos capítulos posteriores. A coleta de dados sobre a população, os dados econômicos ou de geociência pode ser realizada no *site* do IBGE ou de outras bases de dados, como o Instituto de Pesquisa Econômica Aplicada (Ipea).

No desenvolvimento de pesquisas em geografia humana, é muito comum o uso de estatísticas para explicar e prever o fenômeno que está sendo observado. Portanto, a compreensão das variáveis envolvidas na pesquisa é muito importante para descrever o comportamento humano. Variáveis como idade e sexo são indispensáveis para prever os diferentes comportamentos de acordo com a faixa etária e as categorias masculino e feminino. Do ponto de vista quantitativo, nem todas as características humanas variam. Quando se fala no sexo da mãe, o sexo é constante porque só pode ser feminino, portanto o pesquisador consideraria o sexo da mãe apenas como um dado, visto que não varia (Fox; Levin, 2004); já a raça, a idade e a faixa de renda variam em relação ao sexo. Assim, o pesquisador pode analisar a renda e a idade em função do sexo.

Outra questão importante para o pesquisador é a unidade de observação. De forma geral, os dados são coletados individualmente, porém a pesquisa deve ser focada em dados agregados, ou seja, o comportamento individual não interessa (na pesquisa geográfica), é preciso analisar de que forma as medidas variam em um conjunto de pessoas. Por exemplo: um pesquisador pode estudar a relação entre a idade média da população e a taxa de criminalidade em regiões metropolitanas. A coleta de dados é individual, no entanto a análise da idade é feita por grupo etário; assim é possível chegar ao resultado da faixa etária que sofre mais com a criminalidade.

Após a coleta, é necessário fazer a **análise dos resultados**, de forma a sintetizar o fenômeno que está sendo observado. Podemos perceber que a quantidade de dados é grande. Imagine realizar o levantamento das características sociais e econômicas de todas as pessoas de seu município. É, no mínimo, muito trabalhoso, não acha? Então, na análise dos resultados, você deve reduzir os dados em gráficos e tabelas para sintetizá-los em sua pesquisa.

Expusemos aqui, de forma simplificada, as principais etapas de pesquisa na geografia humana, com foco na pesquisa quantitativa. Cada pesquisa pode variar em função do objetivo que se pretende atingir, do foco dado pelo(a) pesquisador(a). Ao longo dos capítulos posteriores, buscaremos esclarecer melhor a forma como você pode usar esses passos da pesquisa, tanto para a realização de trabalhos de final de curso como para a leitura dos dados, com a finalidade de analisar a realidade e tecer uma visão crítica sobre ela.

Para começar a olhar os dados e iniciar a pesquisa, então, questionamos: Onde você pode procurar os dados para fazer sua pesquisa em geografia humana? Onde estão as estatísticas que podem ser usadas para tecer a argumentação de sua pesquisa? A resposta, graças ao esforço de muitos pesquisadores, hoje em dia é muito fácil no âmbito da produção de pesquisas na área, principalmente no Brasil.

2.3 Estrutura de dados do IBGE

Segundo Théry e Mello (2008), o IBGE é um dos poucos órgãos no mundo que disponibilizam a base geográfica e estatística no mesmo lugar. Esse detalhe faz toda a diferença para a padronização de dados necessária à pesquisa. Na França, por exemplo, o órgão oficial que oferece a base geográfica é um, e a estatística pode ser buscada em outro lugar, o que faz com que os dados tenham de ser trabalhados para conferir consistência à pesquisa e obter a certeza de que se referem a uma área geográfica específica. Outro diferencial do IBGE é que, ao contrário do que ocorre com os órgãos europeus, as bases estatísticas e geográficas podem ser baixadas gratuitamente pelo *site* (Théry; Mello, 2008).

As pesquisas realizadas pelo IBGE são centenas, e na biblioteca dessa instituição estão disponibilizados milhares de artigos e pesquisas de diversas áreas, as quais abrangem desde inovação a censo demográfico. Antes de tratarmos da estatística e da disponibilidade de dados de geociências do IBGE (para mais informações, consulte o Capítulo 6), conheça um pouco mais sobre como o IBGE trabalha nos diversos segmentos (IBGE, 2022h).

O Sistema Estatístico Nacional (SEN) oferece hoje uma diversidade muito grande de estatísticas, com acesso público e gratuito, a respeito de todas as unidades territoriais do país, por isso é fundamental que estudantes, professores e profissionais em geral saibam como esses dados estão organizados e armazenados e quais são os meios disponíveis para acessá-los (IBGE, 2022h).

O IBGE é responsável pela produção da grande maioria dos dados estatísticos oficiais no Brasil e mantém o maior banco de dados estatísticos do país, segmentado por suas unidades territoriais internas. É possível encontrar dados em escala de bairro, município, microrregião, estado e país, o que resulta em uma amplitude gigante de possibilidades de pesquisa e cruzamento de dados.

Os dados estatísticos normalmente são apresentados depois de passarem por todo o processo de produção das pesquisas. Não é usual, por exemplo, apresentar dados em sua forma bruta, tal como foram coletados. Eles são arranjados de modo a facilitar a leitura e a interpretação do fenômeno descrito.

As formas mais usuais de apresentação dos dados estatísticos são as tabelas (ou quadros) e os gráficos. Tanto em um caso quanto em outro, os dados são agrupados segundo algumas de suas características, de maneira a salientá-las. O IBGE, como coordenador do SEN, desempenha um trabalho permanente de negociação e busca de consenso com outras instituições, com o objetivo de identificar quais são as estatísticas necessárias ao país, quem as produziu e como devem ser interpretadas. Desse diálogo constante resulta, em tese, o planejamento das atividades do IBGE. Ao processo de obtenção de dados estatísticos mediante um conjunto de atividades orientadas e planejadas pela busca de conhecimentos específicos, principalmente o trabalho de campo, vamos chamar aqui, simplesmente, de **pesquisa**.

Esse processo tem alto custo, envolve uma grande quantidade de pessoas e de recursos, por isso, no Brasil, cada pesquisador(a) está concentrado(a) praticamente em uma única instituição. A maioria dos dados estatísticos produzidos pelo IBGE é obtida por esse meio. Podemos classificar as pesquisas realizadas pelo IBGE, quanto aos seus objetivos, em: **pesquisas conjunturais**, **pesquisas estruturais** e **pesquisas especiais**. Entre essas pesquisas estão:

- Pesquisa Anual da Indústria da Construção (Paic);
- Pesquisa Anual de Comércio (PAC);
- Pesquisa Anual de Serviços (PAS);
- Pesquisa da Pecuária Municipal (PPM);
- Pesquisa das Características Étnico-Raciais da População (Pcerp);
- Pesquisa de Assistência Médico-Sanitária (AMS);
- Pesquisa de Esporte;
- Pesquisa de Estoques;
- Pesquisa de Informações Básicas Estaduais (Estadic);
- Pesquisa de Informações Básicas Municipais (Munic);
- Pesquisa de Inovação (Pintec);

- Pesquisa de Inovação nas Empresas Estatais Federais (Pieef);
- Pesquisa de Orçamentos Familiares (POF);
- Pesquisa de Serviços de Hospedagem (PSH);
- Pesquisa de Serviços de Publicidade e Promoção (PSPP);
- Pesquisa de Serviços de Tecnologia da Informação (PSTI);
- Pesquisa Industrial Anual – Empresa (PIA-Empresa);
- Pesquisa Industrial Anual – Produto (PIA-Produto);
- Pesquisa Industrial Mensal – Produção Física (PIM-PF);
- Pesquisa Industrial Mensal de Emprego e Salário (Pimes);
- Pesquisa Mensal de Comércio (PMC);
- Pesquisa Mensal de Emprego (PME);
- Pesquisa Mensal de Serviços (PMS);
- Pesquisa Nacional de Saneamento Básico (PNSB);
- Pesquisa Nacional de Saúde (PNS);
- Pesquisa Nacional de Saúde do Escolar (PeNSE);
- Pesquisa Nacional por Amostra de Domicílios (Pnad);
- Pesquisa Nacional por Amostra de Domicílios Contínua (Pnad Contínua);
- Pesquisa sobre o Uso das Tecnologias de Informação e Comunicação nas Empresas (TIC Empresas);
- Pesquisa Trimestral do Abate de Animais;
- Pesquisa Trimestral do Couro;
- Pesquisa Trimestral do Leite;
- População Jovem no Brasil;
- Previsão e Acompanhamento de Safras nos Estados de São Paulo, Paraná e Santa Catarina e no Distrito Federal: Safras 1986/1987 a 1999/2000;
- Produção Agrícola Municipal (PAM);
- Produção da Extração Vegetal e da Silvicultura (Pevs);
- Produção de Ovos de Galinha (POG);

- » Produto Interno Bruto dos Municípios;
- » Prognóstico da Safra;
- » Programa de Comparação Internacional (PC);
- » Projeções da População.

As **pesquisas conjunturais** têm como objetivo apresentar indicadores que permitem acompanhar a evolução temporal de algumas atividades ou fenômenos. Uma das principais características dessas pesquisas é o período de referência. A maior parte das pesquisas produz indicadores mensais, que medem o desempenho de atividades de forma contínua e se prestam muito bem à análise do comportamento das atividades ao longo do tempo. Os índices de preços, de desempenho da indústria, do comércio, do emprego e o cálculo trimestral do Produto Interno Bruto (PIB) são exemplos de indicadores que medem a evolução conjuntural de vários aspectos da economia brasileira (IBGE, 2014).

As **pesquisas estruturais** são realizadas com o objetivo principal de apresentar uma visão de como as atividades desenvolvidas pelas empresas ou pelas pessoas estão organizadas; elas servem para estabelecer padrões estruturais das atividades ou fenômenos que procuram retratar. A realização de um censo demográfico, além de fornecer informações de caráter puramente estatístico e imediato, também possibilita estabelecer bases sobre as quais se fundamentam as pesquisas conjunturais. A PIA oferece um panorama de como a atividade industrial se organiza no território brasileiro e quais são as principais características das empresas industriais estabelecidas no Brasil. Com base no conhecimento da estrutura dessa atividade, é possível determinar os parâmetros para a definição das amostras necessárias às pesquisas industriais de caráter conjuntural (IBGE, 2006).

Algumas pesquisas realizadas pelo IBGE são fruto de convênios ou acordos com outras entidades. Elas têm objetivos bem específicos e atendem, primeiramente, às necessidades da entidade demandante. A essas pesquisas vamos chamar de **pesquisas especiais**.

Um tipo especial de pesquisa é o **censo** ou **recenseamento**. Um recenseamento consiste em um conjunto de operações realizadas com o propósito de coletar, processar e divulgar informações sobre todos os entes de determinado universo. O censo demográfico coleta dados sobre todos os habitantes do país; já o censo agropecuário coleta dados sobre todos os estabelecimentos agropecuários do país, por exemplo. No caso brasileiro, o censo demográfico constitui a grande base de dados estruturais a respeito de domicílios e pessoas residentes no país, sobre a qual todas as outras pesquisas de caráter social se fundamentam.

Alguns dados estatísticos são obtidos pelo processamento de **registros administrativos**. Os avanços tecnológicos dos últimos anos, ao permitirem a manipulação de grandes arquivos, têm facilitado o uso desses registros como fonte primária na produção de dados estatísticos. Esse processo tem como principais vantagens a redução de custos e a cobertura da área de abrangência, uma vez que quase sempre garante o alcance completo da população-alvo. São exemplos: Estatísticas do Registro Civil e Estatísticas do Cadastro Central de Empresas (Cempre).

As pesquisas e os registros administrativos fornecem naturalmente seus resultados como produto final, ou seja, são os dados inerentes a eles seus principais produtos. Assim, os dados sobre domicílios e pessoas, levantados pela Pnad, constituem o resultado precípuo da pesquisa, assim como os resultados obtidos com o processamento dos registros do Cempre. As pesquisas e os registros administrativos podem servir de base para estudos específicos, derivados desses dados primários. Vamos denominá-los *estudos*, simplesmente. O IBGE produz vários desses estudos, os quais constituem um importante acervo de conhecimento sobre vários temas. O estudo intitulado *Demografia das Empresas* é uma análise da dinâmica das empresas formalmente constituídas no Brasil e vale-se dos dados armazenados no Cadastro Central de Empresas do IBGE.

Para saber mais

Com relação à organização dos dados na página do IBGE, o menu superior facilita o acesso aos últimos resultados das pesquisas e estudos elaborados pelo instituto e está dividido em vários tópicos. Na guia *Geociências*, podem ser acessados estudos sobre: organização do território, posicionamento geodésico, atlas, modelos digitais de superfície, cartas e mapas, imagens do território, informações ambientais e métodos e documentos de referência. Estão disponíveis importantes trabalhos relacionados ao tema *recursos naturais*, desde informações sobre fauna e flora, recursos hídricos e uso da terra até manuais técnicos relacionados às temáticas em questão. A guia *Estatísticas* está subdividida em cinco grandes seções: sociais, econômicas, multidomínio, documentos técnicos e investigações experimentais. Cada seção tem indicadores específicos que podem ser consultados no *site* da instituição. Disponível em: <http://www.ibge.gov.br>. Acesso em: 24 jan. 2022.

Com base no que apresentamos, já é possível perceber que a base de dados do IBGE é muito rica e, ao utilizá-la, também é muito fácil nos perdermos com a quantidade de informações nela presente. Por isso, foi criado o Sistema IBGE de Recuperação

Automática (Sidra), com vistas a facilitar a busca de dados estatísticos e geográficos. O Sidra (Figura 2.2) é uma plataforma digital na qual é possível fazer diversas consultas aos dados gerados pelo IBGE. Segundo o IBGE, o sistema conta com

> um acervo de 5.200 tabelas provenientes de 55 pesquisas (conjunturais, estruturais e Censos, entre ativas e extintas), com 850 bilhões de valores disponíveis para consulta. Os dados podem ser cruzados em até seis níveis (como situação, sexo, idade e escolaridade) para os períodos (séries temporais) e recortes territoriais (como estados, municípios e bairros) disponíveis para cada pesquisa. (IBGE, 2017a)

Observe a seguir, na Figura 2.2, a página inicial do Sidra, na aba *Acervo*, com os tipos de pesquisa possíveis de serem realizados.

Figura 2.2 – Interface do usuário do Sidra

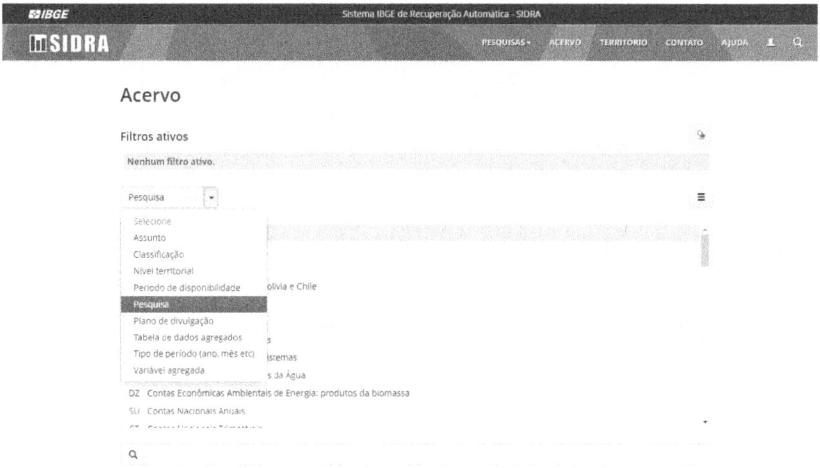

Fonte: Sidra, 2022.

O Sidra permite consultar dados sobre os indicadores econômicos conjunturais (como os de trabalho e rendimento, inflação, comércio, indústria, serviços, agropecuária e PIB) com as séries históricas. Com o Sidra também é possível acessar os resultados de quase todas as pesquisas estruturais do IBGE, como o Censo Demográfico, a Pnad, a POF, a PNS e as pesquisas econômicas anuais (IBGE, 2017a).

Para saber mais

Se você tem vínculo com outra instituição (pública ou privada), pode criar uma conta usando seu *e-mail* institucional para acessar a Escola Virtual IBGE. Ela oferece vários cursos para pesquisadores e estudantes que têm a pretensão de conhecer melhor os dados estatísticos, desde pesquisas mais simples até mais avançadas. Disponível em: <https://escolavirtual.ibge.gov.br/>. Acesso em: 25 jan. 2022.

2.4 Iniciação à estatística descritiva

Agora que você já conhece a estrutura do IBGE e os tipos de pesquisa disponibilizados, vamos analisar a utilidade da estatística descritiva na pesquisa voltada à geografia humana. Como o nome já indica, a estatística descritiva tem a função de **descrever os dados.** Conforme pontuam Fox e Levin (2004, p. 9), "A maioria dos pesquisadores está de acordo quanto à importância da mensuração na análise de dados. Quando medem determinada característica, têm condições de associar a ela uma série de números de acordo com um conjunto de regras". Pensando nisso, consideremos dois exemplos: no primeiro, temos a variável *sexo*, que pode ter duas categorias, masculino e feminino; no segundo, a variável *tipo do domicílio*, que pode ter três categorias, casa, apartamento e cômodo.

Aliando teoria e prática, o que esses autores buscaram explicitar é que você pode levantar a quantidade de moradores de seu bairro e verificar quantos são homens e quantos são mulheres, checar quantos homens moram em casa, quantos homens moram em apartamento e quantos homens moram em cômodos. O mesmo raciocínio pode ser aplicado às mulheres.

Os números desempenham pelo menos três funções importantes para os pesquisadores, dependendo do nível de mensuração particular empregado. Especificamente, as séries numéricas podem ser usadas para:

1. classificar ou categorizar o nível nominal de mensuração;
2. ordenar por postos no nível ordinal de mensuração;
3. atribuir um escore no nível intervalar de mensuração.

O **nível nominal** "consiste em nomear ou rotular, isto é, dispor os casos em categorias e contar a sua frequência de ocorrência" (Fox; Levin, 2004, p. 8). Ao lidarmos com dados nominais, devemos ter em mente que cada caso deve ser enquadrado em uma só categoria. Essa exigência indica que as categorias não devem sobrepor-se, ou seja, devem ser mutuamente excludentes. Por exemplo, com relação à variável *raça*, se em seu questionário de pesquisa houver apenas duas opções de escolha para o respondente, como branca ou negra, ele não poderá ser as duas ao mesmo tempo, apenas branco ou negro.

A segunda regra é que a "categoria deve ser exaustiva, deve haver um lugar **para cada caso que surja**" (Fox; Levin, 2004, p. 10, grifo do original). Ou seja, é preciso se perguntar: Entre os entrevistados, o que fazer se aparecer um indivíduo pardo se houver apenas duas opções para marcar (branca ou negra)? Qual é a categoria mais adequada? Nesse caso, seria necessário ampliar as categorias originais e criar uma categoria denominada *outros*, para as exceções.

Os dados nominais não são classificados em relação à qualidade, como melhor ou pior. Os dados nominais são apenas rotulados por uma designação ou número, sempre com o objetivo de agrupar os casos em categorias separadas para indicar identidades ou diferenças em relação a determinada qualidade ou característica.

No **nível ordinal**, o pesquisador passa a ordenar seus casos em relação ao grau em que apresentam determinada característica. Por exemplo: classe alta, classe média, classe baixa – essa classificação é feita com base no nível de rendimento do cidadão. O nível ordinal de mensuração proporciona informações sobre a ordenação de categorias, mas não indica a magnitude de diferenças entre números. Ou seja, uma escala ordinal, quando vista de maneira isolada, não tem significado, motivo pelo qual precisa ser referenciada. Vejamos: um cidadão de classe média não lhe diz nada se não for informado o valor de referência a ser colocado nessa categoria: O que é classe média? Qual é o valor do rendimento nessa categoria?

O **nível intervalar** informa a ordenação das categorias, mas também a distância entre elas. Devem ser unidades constantes de mensuração que dão intervalos iguais entre pontos na escala.

A função da estatística descritiva é utilizar os números e quantificar seus dados nos níveis nominal, ordinal e intervalar para que se possa **descrever ou tomar uma decisão** (conforme já comentamos). A descrição pode ser realizada por meio da elaboração de tabelas e gráficos (que serão trabalhados aqui); então, nesse contexto, a estatística poderia ser definida como um conjunto de técnicas para a redução de dados quantitativos. A tomada de decisão vai além da descrição, isto é, representa o estabelecimento da base de dados coletada da amostra.

2.4.1 Informações geográficas e estatísticas

É necessário compreender a diferença entre dado e informação: a **informação** se define como um conteúdo mais elaborado, que tende a reduzir nossa incerteza. Há uma diferença acentuada entre **dados** e **informações**: uma informação é dita *geográfica* quando é localizada, repetida e, ainda, geoprocessada. Por exemplo, um objeto é localizado em um lugar, sob determinada coordenada geográfica, e essa localização é um objeto descrito para um ou mais atributos que o definem ou caracterizam. Esses atributos podem consistir em uma simples definição da natureza, como objetos concretos – uma casa, um ponto de ônibus, uma indústria –, mas também podem representar objetos mais abstratos, como a altitude de uma lugar, a idade de uma construção, uma localização relativa.

Os dados constituem o que chamamos de **informação geográfica** quando são estocados de uma forma sistemática ou exploráveis ou ainda quando são tratados ou combinados entre si para a produção de novas informações. A informação geográfica é revelada para uma comparação com localizações de outros dados, em que:

a. A localização é dada junto com toda a informação geográfica.
b. A localização é dita *absoluta* ou *posição geográfica* se for utilizada uma comparação com outros dados ou sistemas de

coordenadas, permitindo responder a questões como: Onde se encontra qual fenômeno? A precisão da localização e da condição de atualização do valor desse tipo de informação, que descobrimos no anuário estatístico, é suficiente.

c. Pode-se fazer uma comparação com outros dados. Por exemplo: Por que este objeto está aqui ou em outro lugar? Como estes objetos são localizados entre outros e como explicar a forma de uma distribuição geográfica?

Portanto, uma localização relativa é uma informação utilizável. Nesse sentido, por exemplo, um mapa da cidade com a orientação das vias ajuda no deslocamento para qualquer ponto do mapa. A localização raramente é usada sozinha, mas como um suporte dos atributos de um objeto. A informação atribui um senso de comparação com os atributos de outras informações, como o PIB por habitante, que passa a fazer mais sentido se comparado a outras informações e a outros lugares.

O fato de reunir os dados diante de uma base geográfica é um convite permanente à comparação. Os dados localizados são representados em um mapa; a configuração geográfica obtida abrange mais que a informação e a simples lista dos valores estatísticos. Ela inclui uma informação quanto à vizinhança dos valores estatísticos.

Para a compreensão das informações localizadas, é necessário analisar a variação dos dados e o fenômeno que ocorre de acordo com a posição geográfica relativa. Dessa forma, podemos estudar a variação de atributos de um lugar e de outro, reduzir as informações e resumi-las. O resultado final pode ser traduzido em um gráfico e/ou tabela.

A **estatística descritiva** é um conjunto de métodos que permitem classificar, representar graficamente e resumir as séries de informação. Ela reúne procedimentos para a coleta de informações, a tabulação e a descrição do conjunto de observações (Barros; Reis, 2003). Como geógrafos, é importante que analisemos os dados estatísticos juntamente com a dimensão geográfica que pode ser representada na cartografia. Para medir um fenômeno, entende-se que cada unidade geográfica está vinculada a uma variável de apenas um valor. O conjunto desses valores constitui o resultado da aplicação de um conjunto de unidades geográficas em um conjunto de caracteres, chamado de *série* ou *distribuição estatística* (Pumain; Saint Julien, 2010).

Uma **série geográfica** é o conjunto de unidades geográficas em função de uma variável. Uma tabela de informação geográfica é apenas uma tabela se não for analisada. Frequentemente, essa análise passa por uma redução de informação, a qual deve ser produzida com base em dados.

De fato, quando os dados coletados ainda não foram trabalhados, a planilha torna-se muito grande, com inúmeras linhas e colunas, por isso, é preciso resumi-los, de modo que as informações contidas na planilha possam ser facilmente identificadas e memorizadas. Sua análise consiste em produtos diversos resumidos, os mais pertinentes possíveis, da tabela inicial à tabela final. Nós devemos responder às questões que se referem à leitura de uma tabela: Qual série (ou valor das séries) de valores da coluna é possível aprender sobre a unidade geográfica disposta em linha? Como se pode caracterizar sua posição geral para o atributo considerado? As unidades geográficas se parecem ou são diferentes entre si? Qual é a ordem de grandeza do fenômeno considerado na região estudada? Qual é o grau de homogeneidade ou de distribuição?

2.5 Organização e análise dos dados

Depois da etapa de coleta de dados, iniciamos a fase de tabulação dos dados e, posteriormente, de organização desses dados. Para isso, essas informações devem ser digitadas em uma planilha (como Excel ou qualquer outro programa de estatística). Nesse ponto, vale observar algumas práticas relevantes para que os dados sejam confiáveis e a análise seja mais facilmente realizada:

» Verificar se na planilha escolhida há um alinhamento dos dados entre linhas e colunas. Cada linha deve conter dados de um único caso, e cada coluna deve ser relativa apenas a uma variável.
» Identificar se a primeira linha é utilizada para dar nome às variáveis, por meio da inclusão de rótulos.
» Checar se não há erros de digitação ou tabulação. Geralmente, os programas de estatística fazem a verificação dos dados.
» Verificar se há dados inexistentes e impossíveis: quando a quantidade de dados é pequena, isso pode ser feito de forma visual na planilha.

Em geral, quando são coletados, os dados inicialmente estão desorganizados. As tabelas de frequência organizam essas informações de forma lógica e são bastante utilizadas na estatística descritiva. Por isso, é importante compreender como as tabelas são elaboradas, podendo ser aplicadas em diferentes disciplinas da geografia: ambiental, econômica, urbana, industrial, entre outras.

2.5.1 Distribuição de frequências

Como sabemos, a estatística é a ciência da síntese e, como geralmente há muitos dados, a tabela de distribuição de frequências os agrupa em classes preestabelecidas. "As classes são pequenos intervalos mutuamente exclusivos, ou seja, o dado **só pode estar em uma classe**, ele não pode ocupar ao mesmo tempo na mesma tabela dois lugares" (Barbetta, 2011, p. 90, grifo do original).

Observe este exemplo para simplificar o entendimento: digamos que seu objetivo seja analisar as notas de determinados alunos na disciplina de Geografia Econômica. Inicialmente, você tem os seguintes dados das notas dos alunos: 10; 6,88; 5; 4,66; 2; 7; 8,6.

Vamos começar a organizar esses dados por ordem crescente, como consta na Tabela 2.1.

Tabela 2.1 - Ordem crescente das notas

Identificação dos alunos	Notas
Aluno 1	2
Aluno 2	4,66
Aluno 3	5
Aluno 4	6,88
Aluno 5	7
Aluno 6	8,6
Aluno 7	10

Para definir a classe e criar uma tabela de frequência, primeiramente devem ser verificados os limites mínimo e máximo, que, no caso, são 2,00 (mínimo) e 10 (máximo). Para definir as classes, elas devem estar entre esses números, ou seja, as classes devem estar neste intervalo:

2 10

Pode-se criar uma classe com intervalo de dois em dois ou de acordo com sua preferência. Então, as notas dos alunos ficam classificadas por classes, conforme apresentamos na Tabela 2.3.

Nos estudos em geografia humana, você vai se deparar com a distribuição de frequências, visto que é comum usar as tabelas de frequência para a análise dos dados. Vamos explicar como essas tabelas são construídas:

1. Escreva as classes da variável em uma coluna.
2. Escreva a frequência que aparece nessa variável. Para calculá-la, basta somar quantas vezes o número se repete dentro da mesma classe.

Tabela 2.2 – Distribuição de frequência

Intervalo	Nota incluída no intervalo	Tabela de frequência
2 ⊢ 4	2,00; 4,66	2
5 ⊢ 6	5,00; 6,88	2
7 ⊢ 8	7,00; 8,56	2
9 ⊢ 10	10,00	1

Para calcularmos a frequência relativa de determinada categoria, devemos dividir a frequência dessa classe pelo total de elementos da amostra. O resultado, multiplicado por 100, dá a frequência relativa dos elementos da amostra.

Tabela 2.3 – Distribuição de frequência relativa

Intervalo	Nota incluída no intervalo	Tabela de frequência	Frequência relativa
2 ⊢ 4	2,00; 4,66	2	28,57
5 ⊢ 6	5,00; 6,88	2	28,57
7 ⊢ 8	7,00; 8,56	2	28,57
9 ⊢ 10	10,00	1	14,28

Agora, vamos a um exemplo usando dados estatísticos reais. Observe a Tabela 2.4, que traz os dados do Censo do IBGE sobre a população brasileira distribuída entre homens e mulheres. Veja como o IBGE trabalha com os dados e como são construídas as tabelas, o que pode servir de exemplo para você elaborar suas próprias tabelas na pesquisa que está desenvolvendo.

Tabela 2.4 – Exemplo de tabela de frequência

Tabela 1378 – População residente, por situação do domicílio e sexo, segundo a condição no domicílio e o compartilhamento da responsabilidade pelo domicílio em 2010		
	Homens	Mulheres
Brasil	93.406.990	97.348.809
Total		190.755.799

Fonte: IBGE, 2022i.

Agora, vamos calcular a frequência relativa da população, por sexo, conforme apontamos na Tabela 2.5.

Tabela 2.5 – Exemplo de frequência relativa

População residente, por sexo		
Sexo	População residente	Percentual
Homens	93.406.990	48,967
Mulheres	97.348.809	51,033
Total	190.755.799	100%

Fonte: IBGE, 2022i.

A Tabela 2.5 indica que há maior frequência de mulheres em relação aos homens na população residente no Brasil. Observe que a frequência relativa fornece uma informação mais rápida em termos comparativos. Outro exemplo é o que encontramos na Tabela 2.6, que trata dos números de pessoas maiores de 5 anos divididas por classes de idade diferentes. Note que a tabela contém as seguintes classes:

» Classe 1: de 5 a 9 anos;
» Classe 2: de 10 a 14 anos;
» Classe 3: mais que 15 anos.

A tabela também poderia ser representada considerando-se a frequência absoluta da amostra. A frequência absoluta é a quantidade de vezes que o mesmo elemento aparece. No caso da Tabela 2.6, pessoas que têm entre 5 e 9 anos apareceram 17.423.151 vezes (Classe 1).

Tabela 2.6 – Distribuição por classe

Grupo de idade	Total
Classe 1	17.423.151
Classe 2	17.049.631
Classe 3	95.810.647

Fonte: IBGE, 2022i.

A classe poderia ser representada pelo símbolo "⊢", que indica o intervalo entre esses dois valores, incluindo o valor do lado esquerdo e excluindo o valor do lado direito (Barbetta, 2011). A tabela de frequências é construída por meio da contagem da frequência de casos em cada classe. Observe a Tabela 2.7, por exemplo, em que a Classe 1 inclui as crianças de 5 a 9 anos, ou seja, as crianças com 6 e 7 anos foram incluídas nessa contagem. O mesmo raciocínio vale para as demais classes.

Tabela 2.7 – Distribuição por grupo de idade

Grupo de idade	Total
5 a 9 anos	17.423.151
10 a 14 anos	17.049.631
15 anos ou mais	95.810.647

Fonte: IBGE, 2022i.

Outro conceito importante é o de tabela de frequência relativa acumulada, que "É a soma da frequência relativa dessa classe com as frequências relativas das classes anteriores" (Vieira, 2003, p. 34). Observe, na Tabela 2.8, a frequência acumulada da população residente em 2010.

Tabela 2.8 – Exemplo de tabela de frequência acumulada

População residente em 2010 por estado da Federação

Nível	Cód.	Unidade da Federação	População	Frequência acumulada
UF	11	Rondônia	1.562.409	1.562.409
UF	12	Acre	733.559	2.295.968
UF	13	Amazonas	3.483.985	5.779.953
UF	14	Roraima	450.579	6.230.432

(continua)

(Tabela 2.8 – conclusão)

Nível	Cód.	Unidade da Federação	População	Frequência acumulada
UF	15	Pará	7.581.051	13.811.483
UF	16	Amapá	669.526	14.481.009
UF	17	Tocantins	1.383.445	15.864.454
UF	21	Maranhão	6.574.789	22.439.243
UF	22	Piauí	3.118.360	25.557.603
UF	23	Ceará	8.452.381	34.009.984
UF	24	Rio Grande do Norte	3.168.027	37.178.011
UF	25	Paraíba	3.766.528	40.944.539
UF	26	Pernambuco	8.796.448	49.740.987
UF	27	Alagoas	3.120.494	52.861.481
UF	28	Sergipe	2.068.017	54.929.498
UF	29	Bahia	14.016.906	68.946.404
UF	31	Minas Gerais	19.597.330	88.543.734
UF	32	Espírito Santo	3.514.952	92.058.686
UF	33	Rio de Janeiro	15.989.929	108.048.615
UF	35	São Paulo	41.262.199	149.310.814
UF	41	Paraná	10.444.526	159.755.340
UF	42	Santa Catarina	6.248.436	166.003.776
UF	43	Rio Grande do Sul	10.693.929	176.697.705
UF	50	Mato Grosso do Sul	2.449.024	179.146.729
UF	51	Mato Grosso	3.035.122	182.181.851
UF	52	Goiás	6.003.788	188.185.639
UF	53	Distrito Federal	2.570.160	190.755.799
Total			190.755.799	190.755.799

Fonte: IBGE, 2022i.

Na leitura da tabela, podemos observar que, à medida que vai descendo, a frequência acumulada vai somando a população na última coluna. É útil, nesse caso, que a frequência somada apresente uma ordem correta. A frequência acumulada ajuda a compreender melhor a importância de um conjunto de dados.

2.5.2 Medidas de posição

As medidas descritivas nos permitem resumir, descrever e compreender os dados de uma distribuição usando medidas de tendência central. A ideia é que os geógrafos tenham uma noção da nomenclatura usada na matemática. Encorajamos todos os alunos e leitores a procurar entender como a estatística é lógica e útil em geografia. A seguir, vamos detalhar os principais conceitos referentes às medidas de posição.

Média aritmética é a soma dos valores de todos os dados dividida pelo número de elementos. É o centro de gravidade do conjunto de dados. A média aritmética é uma tendência central porque dá o ponto em torno do qual os dados se distribuem (Vieira, 2003). A "média aritmética resume o conjunto de dados em termos de uma posição central ou valor típico, mas, **em geral**, não fornece informação sobre outro aspecto" (Barbetta, 2011, p. 60, grifo do original). "A média é um resumo dos dados e, por isso, pode esconder informações relevantes" (Barbetta, 2011, p. 92). Portanto, para melhor representar uma medida de dispersão, ou seja, para verificar como os dados estão distribuídos, usa-se a variância ou desvio padrão, que veremos na sequência.

Mediana é o valor que ocupa a posição de um conjunto de dados ordenados, isto é, ocupa a posição central de um conjunto de dados ordenados. Para fazer a mediana, é preciso ordenar os dados (Vieira, 2003). A mediana é a separatriz porque separa o conjunto de dados em dois. Segundo Barros e Reis (2003), a mediana é empregada quando há valores extremos que podem afetar a média ou quando a variável é mais representativa pela mediana.

Para uma pesquisa quantitativa, uma das formas de explorar os dados quantitativos é por meio de tabelas de frequência. Quando a variável é quantitativa, as médias descritivas podem ajudar a resumir as informações. Por exemplo, para se conhecer o peso médio de recém-nascidos, pode ser calculada a média ou a mediana, que será o ponto de equilíbrio. Para se ter uma ideia de quanto varia o peso, deve ser utilizado o desvio padrão. Tanto o desvio padrão quanto a variância são informações complementares da média.

Moda é o valor que ocorre com maior frequência em um conjunto de dados. Conforme Barros e Reis (2003), é empregada em pesquisas cujas informações manipuladas são de natureza qualitativa (escala nominal ou ordinal), mas é uma medida que ignora a maior parte das informações que se pode extrair das observações, sendo raramente utilizada.

Quartis são representados por Q1, Q2, Q3, chamados, respectivamente, de *primeiro*, *segundo* e *terceiro quartis*. O primeiro quartil representa os 25% menores valores, ou seja, é um valor que indica que abaixo existem 25% dos casos da distribuição de frequência. No terceiro quartil está o valor que separa os 25% maiores valores. O segundo quartil, ou o quartil do meio, é a própria mediana, que separa os 50% menores dos 50% maiores valores (Figura 2.3).

Figura 2.3 – Divisão em quartis

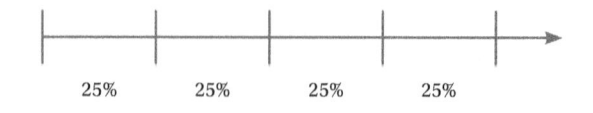

25% 25% 25% 25%

As medidas de posição permitem determinar valores que representam o conjunto total de observações. Entretanto, dependendo dos dados de sua pesquisa, essa redução pode ter distorções ou não lhe informar algo relevante. Por isso, as medidas de dispersão são importantes, para que você possa tirar conclusões mais significativas. Vamos a mais um exemplo: digamos que sua pesquisa visa analisar o crescimento e o desenvolvimento de crianças de duas regiões metropolitanas. Para isso, sua base de dados tem o peso das crianças de 2 a 8 anos e calculou-se que a média do peso é de 24 kg. No entanto, esse dado não indica a proporção de crianças obesas ou desnutridas. Assim, as medidas de dispersão tornam-se uma ferramenta útil para representar melhor esses dados.

2.5.3 Medidas de dispersão

As medidas de dispersão são úteis na interpretação dos dados porque elas possibilitam saber o quanto variam os elementos de um conjunto em relação à média. Vejamos os principais conceitos referentes às medidas de dispersão.

Para calcular a **amplitude**, basta identificar o maior e o menor dado no conjunto de dados. A amplitude é a diferença entre o máximo e o mínimo. Frequentemente, ela representa os valores inferior e superior.

Outro conceito fundamental é o de **variância**. A dispersão dos dados em torno da média é medida pelos desvios em relação à média. Desvio em relação à média é a diferença entre cada valor observado e a média do conjunto. A variância mede a dispersão. Para entender melhor essa afirmativa, vejamos um exemplo.

Em um time de futebol, um jogador tem a estatura de 1,80 m, sendo que a média do time é 1,70 m, então o desvio da estatura desse jogador em relação ao seu time é de 0,10 cm, porque essa é a diferença entre a altura do jogador e a média do time. Assim, os desvios em relação à média medem a dispersão.

Matematicamente, não é possível usar a média dos desvios, porque a soma deles é igual a zero. Desse modo, surge a necessidade de calcular a variância, que, segundo Vieira (2003, p. 65), "é quando se trabalha com dados de toda a população, como a soma dos quadrados dos desvios divididos pelo número de dados. A variância é representada por Σ (sigma)".

Outro exemplo que pode ser dado é de um aluno que foi aprovado com nota 5. Se ele fez quatro provas e obteve 5, 5, 5 e 5, as notas não variam, logo a variância é 0. Se o aluno obteve as notas 4, 6, 4 e 6, variam muito pouco, então a variância é de 1,33. Se o aluno obteve as notas 0, 0, 10 e 10, a variância é de 33,33, porque expressa a média aritmética dos quadrados dos desvios, sendo que o desvio representa a diferença entre a média e cada um dos valores no conjunto de dados (Barros; Reis, 2003).

A variância e o desvio padrão podem ser calculados no Excel, em uma calculadora, como a HP, ou em programas de estatística, como o SPSS. Já o **coeficiente de variação (CV)** é um quociente, expresso como porcentagem, obtido mediante a divisão da média pelo desvio padrão. É utilizado quando se deseja comparar séries de dados em diferentes unidades de medidas (Barros; Reis, 2003).

Por fim, o **desvio padrão** é a raiz quadrada com sinal positivo da variância. Por exemplo: em sua equipe há 5 pessoas que gostam de café, conforme os dados da Tabela 2.9. O cálculo da média da equipe é de 3 cafés/dia. O resultado da variância é a soma do quadrado das diferenças entre cada uma das observações (no caso, de cada membro da equipe) e a média. Na prática, você vai somando essas distâncias ao quadrado, que resultam no valor de 10.

Para o cálculo do desvio padrão, basta tirar a raiz quadrada da variância, ou seja, quanto maior for a variância, maior será o desvio padrão.

Tabela 2.9 – Exemplo prático

Nomes	Quantidades de xícaras de café por dia
Maria	1
João	2
Pedro	3
Miguel	4
Aly	5
Média	3 cafés por dia
Variância	2,5
Desvio padrão	1,58

O desvio padrão tem vários usos, servindo para padronizar algumas medidas e distribuições, como as assimetrias e a distribuição normal (Milone, 2004). Quanto maior for o desvio padrão, maior será a variabilidade entre as observações.

2.6 Representação dos dados estatísticos

As formas mais usadas para tratar as informações estatísticas são as tabelas e os gráficos, por serem uma maneira mais visual de representar os dados. Para iniciar o estudo dessas ferramentas, é necessário compreender conceitos básicos e primários de estatística que foram abordados anteriormente. Assim, começaremos pelas tabelas, que devem ter significados próprios. O leitor deve entender a tabela sem a presença do texto de apresentação. Portanto, o objetivo dela é apresentar os dados numéricos.

Os elementos básicos que compõem uma tabela, segundo Vieira (2003), são: (1) título, que deve ser colocado antes dos dados; (2)

corpo da tabela, formado pelos dados; (3) cabeçalho, que especifica a informação disposta em cada coluna; (4) coluna indicadora, que é o tipo de informação que cada linha contém; e (5) fonte, que é a entidade responsável pelos dados.

Para saber mais

O IBGE tem uma norma específica institucional para a elaboração das tabelas, que pode ser consultada em: <https://biblioteca.ibge.gov.br/visualizacao/livros/liv23907.pdf>. Acesso em: 24 jan. 2022.

Observe a Tabela 2.10, que mostra os elementos listados por Vieira (2003).

Tabela 2.10 - Exemplo das normas tabulares

① Pessoas de 5 anos ou mais de idade, por cor ou raça, segundo a situação do domicílio em 2010

④

	Total	Branca	Preta	Amarela	Parda	Indígena	Sem declarar ③
Brasil	176.959.641	84.350.460	13.862.003	1.964.332	76.059.695	716.768	6.014
Norte	14.310.906	3.315.407	993.471	159.853	9.585.808	255.867	500
Nordeste	48.850.041	14.200.084	4.811.996	586.733	29.061.615	188.411	1.202
Sudeste	75.180.116	41.361.203	6.095.209	849.374	26.777.606	92.653	4.071
Sul	25.623.147	20.082.932	1.059.043	176.325	4.236.403	68.203	241
Centro-Oeste	12.995.431	5.390.834	902.284	192.047	6.398.263	111.634	369

② ⑤ Fonte: IBGE – Censo Demográfico

Fonte: IBGE, 2022i.

Uma tabela geográfica refere-se aos dados relativos a uma região particular definida previamente e pode ser apresentada em diferentes escalas: continente, municípios, cidades, unidades da Federação, distritos. No caso da tabela que integra o exemplo, as divisões utilizadas são das unidades da Federação e da regional adotadas pelo IBGE.

Quadros e tabelas são formas de apresentar os dados. Atente-se para a diferença: os quadros não resumem informações, apenas as registram, razão pela qual os valores que os compõem não podem ser relacionados entre si. Já as tabelas permitem totalizar linhas e colunas e estabelecer proporção em várias direções. Esteticamente, os quadros são completamente contornados por traços, e as tabelas são delimitadas apenas nas partes superior e inferior.

2.6.1 Construção de gráficos

O gráfico precisa destacar as informações que estão sendo trabalhadas na pesquisa. Como explica Milone (2004, p. 26), um gráfico é a "representação visual do fenômeno [...] é a forma adequada de transmissão de informação quando se quer acentuar aspectos visuais, instantâneos, dinâmicos, globais e quando se deseja facilitar a comparação dos dados computados por meio das proporções entre as grandezas envolvidas".

Observe o Gráfico 2.1, a seguir.

Gráfico 2.1 - Modelo para leitura de gráficos

Exportação brasileira de café em grão - Brasil - 1940-2010

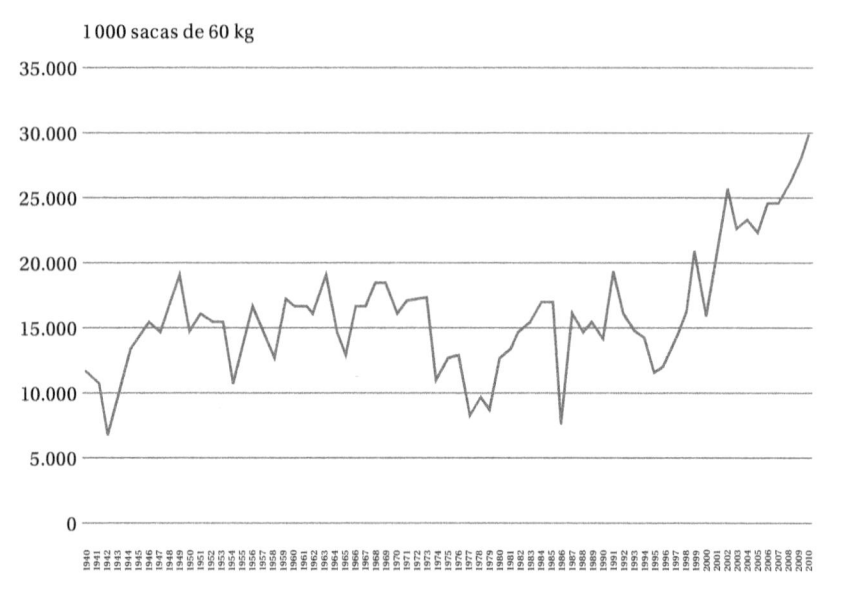

Fonte: Senra, 2014.

O gráfico representa a dinâmica da exportação de café no decorrer do tempo. Também permite comparar o desempenho de exportação do insumo em diferentes anos, portanto cumpre com o objetivo de transmitir informações. Segundo Vieira (2003, p. 60), a construção de gráficos deve ocorrer da seguinte forma:

1. Todo gráfico deve ter um título claro;
2. No eixo das abscissas (eixo x), a escala cresce da esquerda para a direita e é escrita embaixo do eixo;
3. No eixo das ordenadas (eixo y), a escala cresce de baixo para cima e é escrita à esquerda do eixo.

Gráfico 2.2 – Eixo das abscissas e eixo das ordenadas

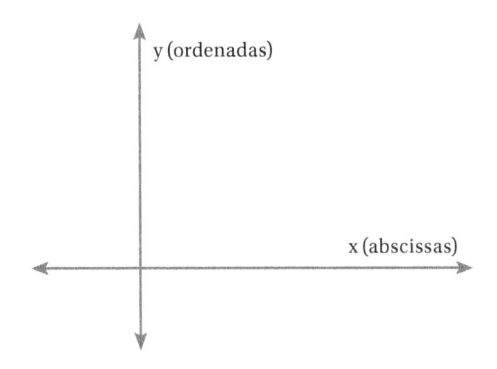

```
       ↑ y (ordenadas)
       |
       |
       |                    x (abscissas)
←------+------------------→
       |
       ↓
```

Os gráficos de área (horizontais ou verticais), barras, colunas, tubos e cones comparam valores entre si, por isso são aplicáveis às séries específicas e geográficas (Milone, 2004). Veremos, na sequência, qual é a melhor forma de representar os dados disponíveis da pesquisa em gráficos.

O **gráfico de barras** é indicado quando os dados correspondem a uma distribuição de frequência (quantas vezes aparece o fenômeno estudado), pois é ótimo para visualização.

Para a construção do gráfico de barras, atente a alguns detalhes:

» No eixo das abscissas, o espaço entre as variáveis deve ser igual.
» As barras devem ter a mesma largura.
» A altura varia conforme os dados.
» As legendas devem ser dispostas nos eixos e no título da figura.
» Os gráficos em 3D não são recomendados quando há muitos dados ou muitas barras, pois a visualização fica poluída.
» Para dados de séries cronológicas e geográficas, a apresentação das barras em ordem decrescente ajuda na comparação da importância relativa. As séries geográficas são aquelas em que o fator geográfico varia. Por exemplo, em uma série sobre diferentes municípios, variam os municípios.

Para destacar duas ou mais variáveis, usam-se os **gráficos de barras ou colunas compostas** (Milone, 2004). Observe os Gráficos 2.3 e 2.4, a seguir.

Gráfico 2.3 – Exemplo de gráfico de barras compostas

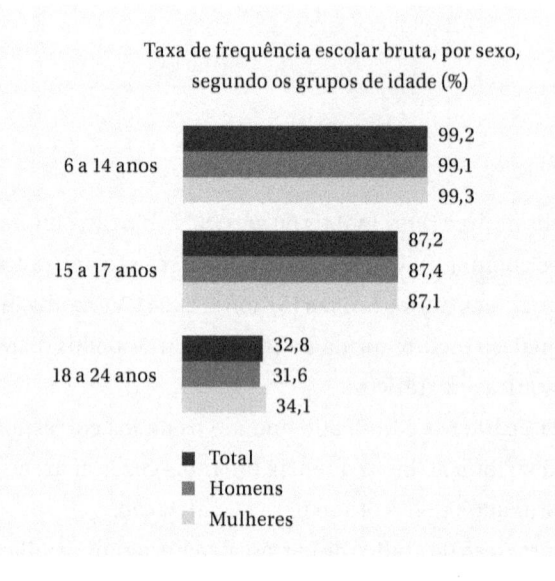

Taxa de frequência escolar bruta, por sexo, segundo os grupos de idade (%)

Faixa etária	Total	Homens	Mulheres
6 a 14 anos	99,2	99,1	99,3
15 a 17 anos	87,2	87,4	87,1
18 a 24 anos	32,8	31,6	34,1

Fonte: IBGE, 2018b, p. 6.

O gráfico de barras compostas apresenta diferentes taxas de frequência escolar de acordo com a faixa etária e com o sexo do entrevistado. Cada barra representa um grupo específico, conforme a distribuição da frequência das variáveis.

Gráfico 2.4 - Exemplo de gráfico de colunas compostas

Taxa de frequência escolar líquida ajustada
no ensino médio, por sexo e cor ou raça (%)

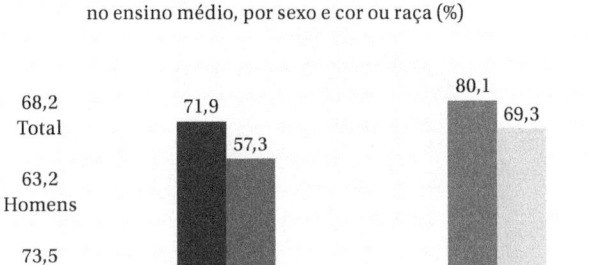

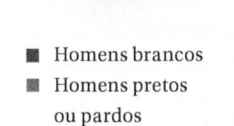

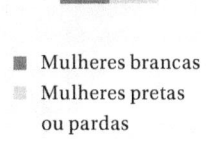

68,2
Total

63,2
Homens

73,5
Mulheres

71,9

57,3

80,1

69,3

■ Homens brancos
■ Homens pretos
ou pardos

■ Mulheres brancas
■ Mulheres pretas
ou pardas

Fonte: IBGE, 2018b, p. 6.

Esse gráfico de colunas compostas trabalha com as diferentes taxas de frequência escolar, especificamente no ensino médio, de acordo com a cor de pele e também com o sexo do entrevistado. Cada barra representa um grupo específico, conforme a distribuição da frequência das variáveis.

Já o **gráfico de setores** é usado para apresentar as frequências, ou as frequências relativas, de categorias que constituem as partes de um todo (Vieira, 2003). Esse tipo de gráfico é representado por uma circunferência de 360 graus. Observe o exemplo a seguir.

Gráfico 2.5 – Modelo de gráfico de setores

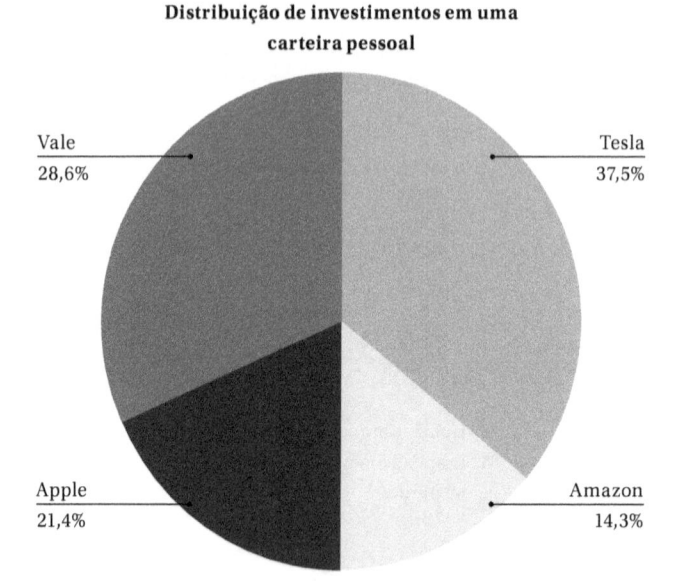

Distribuição de investimentos em uma carteira pessoal

- Vale 28,6%
- Tesla 37,5%
- Apple 21,4%
- Amazon 14,3%

No gráfico de setores, os dados são transformados em porcentagens. Sugerimos limitar as divisões entre cinco e seis partes, para sua melhor visualização. Se existirem mais parcelas, o ideal é agrupar as menos significativas sob a rubrica genérica.

O **gráfico de pontos** é indicado quando o conjunto de dados é pequeno, como observamos no Gráfico 2.6, a seguir. Também é utilizado para se observar uma medida de tendência central, como a média ou a mediana.

Os gráficos de pontos são usados também para representar o comportamento de um conjunto de dados contra uma medida de tendência central, média ou mediana (Barros; Reis, 2003).

Gráfico 2.6 - Modelo de gráfico de pontos

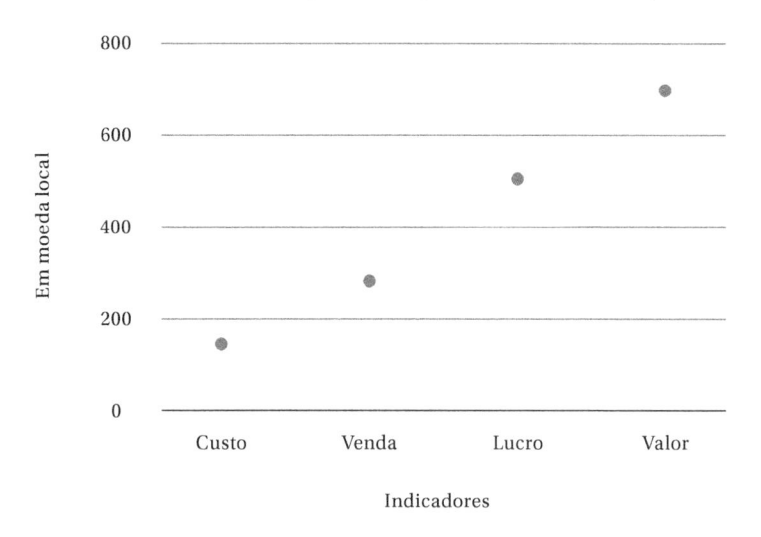

[Gráfico de pontos com eixo Y "Em moeda local" variando de 0 a 800, e eixo X "Indicadores" com categorias Custo (~150), Venda (~280), Lucro (~500), Valor (~700)]

Preste atenção!

Qual gráfico usar? Na dúvida sobre que tipo de gráfico usar, seguem algumas dicas de Barbetta (2011):

» Para representar a distribuição de frequências com poucas categorias/classes, o gráfico de setores é o mais indicado.
» Quando a variável é ordinal, o gráfico de barras e o gráfico de colunas são os mais indicados.

O **histograma** apresenta os dados no eixo das abscissas, que são numéricos e têm uma ordem rígida. Marcam-se todos os inteiros entre o menor e o maior valor observado no eixo das abscissas. No eixo das ordenadas, escrevem-se as frequências relativas. O histograma representa a distribuição de frequência simples e acumulada, sendo útil para as análises estatísticas. O Gráfico 2.7 apresenta um exemplo de representação de histograma horizontal.

Gráfico 2.7 – Exemplo de histograma

População residente, segundo o sexo e os grupos de idade (%)

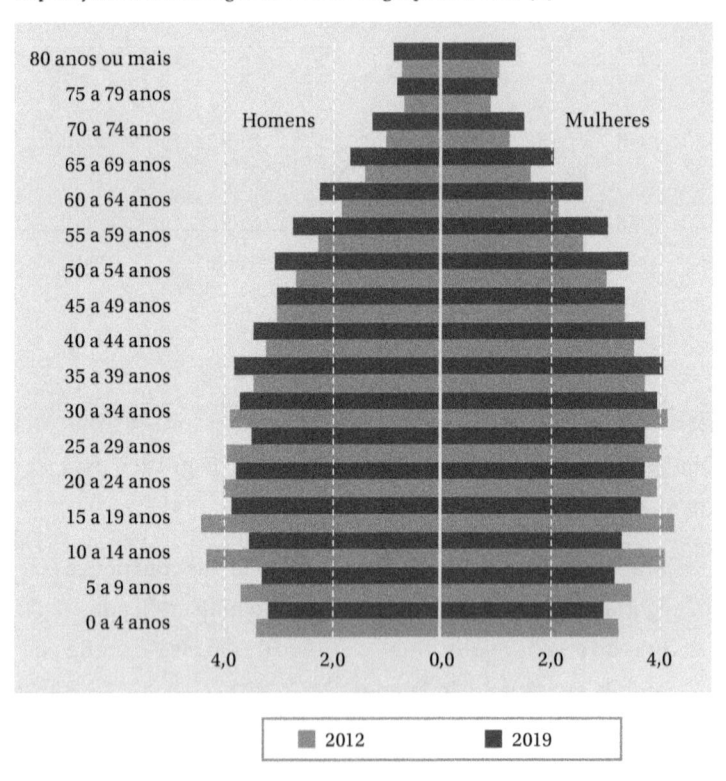

[Pirâmide etária com faixas de idade de 0 a 4 anos até 80 anos ou mais, comparando Homens e Mulheres, com dados de 2012 e 2019. Eixo horizontal de 4,0 a 0,0 a 4,0.]

Fonte: IBGE, 2018a, p. 7.

Nesse exemplo, é possível consultar a distribuição da população por faixa etária. O histograma geralmente é representado por barras horizontais.

O **gráfico de dispersão** é muito útil quando há o interesse de explorar o comportamento de duas variáveis simultaneamente, uma em relação à outra, como observamos no Gráfico 2.8. Para isso, a escala de mensuração deve ser ordinal, no mínimo (Barros; Reis, 2003).

Gráfico 2.8 - Gráfico de dispersão

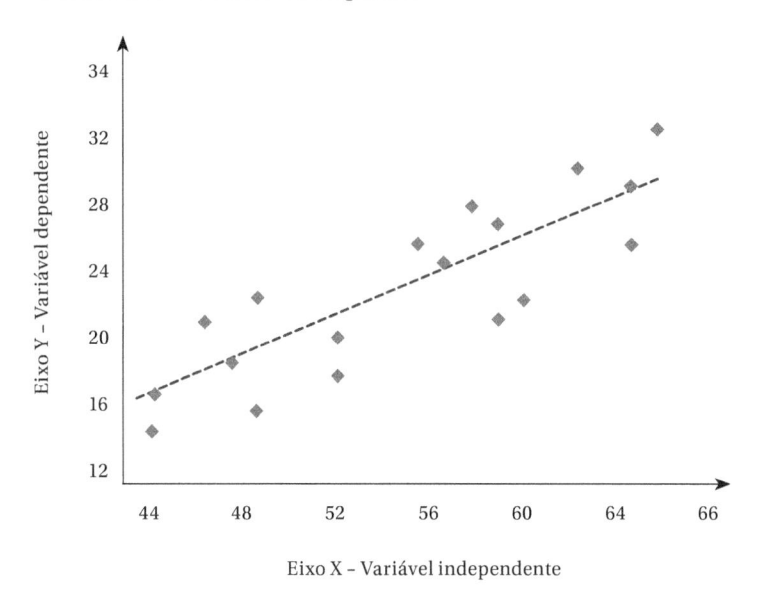

Fonte: Carvalho, 2020.

No gráfico de dispersão, os pontos de dispersão estão próximos à curva de tendência representada pela linha tracejada no meio do gráfico, o que significa que há uma tendência no comportamento dos dados analisados.

O **gráfico de linhas** é uma ótima opção para representar tendências, como mudanças no comportamento de uma variável em função do tempo (Gráfico 2.9). Permite que os valores de mais de uma variável sejam representados simultaneamente, sendo possível a comparação entre grupos e variáveis. Um aspecto fundamental na interpretação desse gráfico é a amplitude da escala para representar os dados da variável. Se a amplitude for muito pequena, uma tendência ou interação que não existe pode aparecer. Caso contrário, se a amplitude for muito grande, pode mascarar a tendência sem evidenciá-la na representação gráfica (Barros; Reis, 2003).

Gráfico 2.9 – Gráfico de linhas

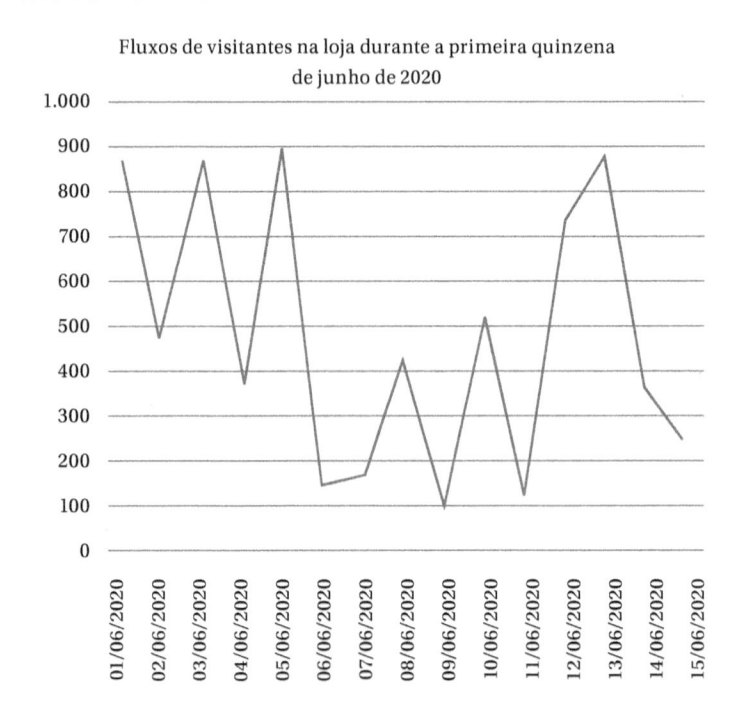

Fluxos de visitantes na loja durante a primeira quinzena de junho de 2020

No caso desse gráfico, é possível perceber com mais clareza a variação do Fluxos de visitantes na loja durante a primeira quinzena de junho de 2020 entre 01 de junho de 2020 e 15 de junho de 2020. Esse tipo de gráfico é muito útil para analisar momentos específicos de queda e alta e também para estabelecer relações com outras variáveis.

Síntese

Ao longo do capítulo, tratamos da leitura dos dados estatísticos sob a abordagem indutiva e hipotético-dedutiva aplicada à geografia humana. Inicialmente, apresentamos um passo a passo para que o pesquisador inicie a pesquisa estatística descritiva – que pode ser aplicada em várias disciplinas da geografia – conhecendo a estrutura básica da pesquisa: elaboração do objetivo, procedimentos metodológicos, coleta de dados e análise dos resultados. Esses passos são fundamentais para a realização da pesquisa quantitativa. Também houve um destaque especial para as pesquisas realizadas pelo IBGE e para a disponibilização dos dados na plataforma Sidra.

Na sequência, abordamos a organização dos dados por meio de tabelas de distribuição de frequência, medidas de posição e medidas de dispersão. Apresentamos os conceitos de média aritmética, mediana, moda, quartil, amplitude, variância e desvio padrão. Por fim, enfocamos a representação das informações estatísticas por meio de tabelas e gráficos.

Indicações culturais

Vídeo

INCRÍVEL. **Se somente 100 pessoas vivessem na Terra**. 14 jul. 2017. Disponível em: <https://www.youtube.com/watch?v=tZgsGyD_hJ0>. Acesso em: 24 jan. 2022.

Essa animação mostra como seria a divisão do mundo em 100 pessoas, demonstrando uma comparação proporcional com a sociedade atual.

Filme

O JOGO da imitação. Direção: Morten Tyldum. Produção: Teddy Schwarzman. Inglaterra/Estados Unidos, 2014. 114 min.

Esse filme conta a história real de Alan Turing, o matemático que ajudou a decifrar mensagens dos nazistas durante a Segunda Guerra Mundial, também conhecido como "pai da computação".

Atividade de autoavaliação

1. Um aluno resolve fazer uma pesquisa sobre o ritmo de vida das pessoas de acordo com a cidade onde vivem. Ele escolheu cidades como Nova Iorque, Paris, Arapoti, Curitiba e São Paulo. A ideia é classificar do ritmo mais lento para o mais acelerado. Essa pesquisa está operando no nível de medida:

    a) ordinal.
    b) nominal.
    c) intervalar.
    d) intervalar e nominal.
    e) Nenhuma das alternativas anteriores está correta.

2. Identifique o nível de mensuração – nominal, ordinal, intervalar – representado em cada um dos itens do questionário a seguir.

    I. Sexo: feminino/masculino
    II. Classe econômica: alta/média alta/média/média baixa/baixa
    III. Número de dependentes na família
    IV. Renda anual

Assinale a opção correta:

a) Nominal, ordinal, nominal, nominal.
b) Nominal, intervalar, ordinal, nominal.
c) Ordinal, intervalar, nominal, intervalar.
d) Intervalar, intervalar, ordinal, nominal.
e) Ordinal, nominal, intervalar, ordinal.

3. Qual é o tipo de gráfico mais indicado quando os dados apresentam apenas três categorias?

a) *Pizza*.
b) Caixa de dispersão.
c) Eixo da abscissa.
d) Histograma.
e) Nenhuma das alternativas anteriores está correta.

4. Indique se as afirmativas a seguir, relativas à importância da estatística nos estudos geográficos, são verdadeiras (V) ou falsas (F).

( ) A estatística ajuda a sintetizar os dados dos estudos e a demonstrar com maior clareza o fenômeno que está ocorrendo na área de estudo.

( ) A estatística visa ser uma ferramenta auxiliar para demonstrar as pesquisas quantitativas e qualitativas.

( ) A estatística é usada apenas em alguns estudos geográficos, porque é considerada uma área de exatas e não serve para estudos ambientais.

( ) A estatística produz informações variadas da dinâmica socioespacial, como dados socioeconômicos, urbanos, políticos e mapas.

( ) A estatística possibilita a leitura de dados numéricos para a representação e o conhecimento da realidade.

Agora, assinale a alternativa que corresponde à sequência obtida:

a) V, V, V, F, V.
b) V, V, F, V, V.
c) F, V, F, V, F.
d) F, F, F, V, V.
e) V, V, F, V, F.

5. Sobre a escolha do modelo de gráfico ideal para trabalhos acadêmicos, indique se as afirmativas a seguir são verdadeiras (V) ou falsas (F).

( ) Depende do tipo de dado que está sendo demonstrado na pesquisa.

( ) Depende da quantidade de variáveis que está sendo estudada e demonstrada no gráfico.

( ) Depende do objetivo principal da pesquisa.

( ) Os diferentes modelos de gráficos podem ser usados para a pesquisa, pois o modelo de gráfico não interfere na leitura gráfica.

( ) Os ideais são aqueles que podem ser transformados em porcentagens.

Agora, assinale a alternativa que corresponde à sequência obtida:

a) V, V, V, F, F.
b) V, V, F, V, V.
c) F, V, F, V, F.
d) F, F, F, V, V.
e) V, V, F, V, F.

Atividades de aprendizagem

Questões para reflexão

1. A tabela a seguir mostra os resultados dos cálculos da média e do desvio padrão da taxa de crescimento demográfico dos municípios de duas microrregiões simuladas. Quais são suas conclusões ao realizar a leitura desta tabela?

Tabela A - Taxa de crescimento demográfico

Microrregião	Número de municípios	Média	Desvio padrão
Serra	12	-0,36	0,67
Litoral	9	3,55	2,47

2. Neste capítulo, abordamos algumas ferramentas estatísticas que podem ser aplicadas em trabalhos de geografia. Discorra sobre qual ferramenta estatística você vai usar em sua pesquisa e por que a escolheu.

Atividade aplicada: prática

1. Elabore um gráfico no Excel ou em outro programa similar com os seguintes dados:

Tabela B – Estimativas da população residente no Brasil e nas Grandes Regiões – 2019

Brasil e Grandes Regiões	População
Brasil	210.147.125
Região Norte	18.430.980
Região Nordeste	57.071.654
Região Sudeste	88.371.433
Região Sul	29.975.984
Região Centro-Oeste	16.297.074

Fonte: Elaborado com base em IBGE, 2019.

Agora, escolha o gráfico mais indicado para representar esses dados e justifique sua escolha.

3
Pesquisa para estudos da população

O objetivo deste capítulo é mostrar a aplicação do conhecimento da análise e da representação de dados sobre as dinâmicas urbanas, rurais e populacionais com o uso de informações reais e atualizadas. Os estudos da população são possíveis graças à diversidade de variáveis que está acessível de forma pública no Instituto Brasileiro de Geografia e Estatística (IBGE), especialmente na plataforma digital do Sistema IBGE de Recuperação Automática (Sidra).

O cruzamento de dados sobre a população é rico e numeroso, pois apresenta diversas variáveis, como nível educacional, faixa etária, sexo, raça/cor e rendimento, que podem ser utilizadas nos estudos populacionais. Além disso, também é possível realizar o cruzamento dos dados demográficos com os recortes temporal e geográfico. Para um melhor aproveitamento deste capítulo, de modo que você possa compreender as análises estatísticas que serão abordadas aqui, é imprescindível a realização da leitura do Capítulo 2.

3.1 Importância do censo demográfico

No Brasil, o órgão responsável pela coleta de dados sobre a população brasileira é o IBGE. Segundo Vieira (2003), os censos demográficos são realizados para descrever e analisar as características da população, que podem ser sexo, idade, nível educacional, rendimento, cor da pele, organização familiar, entre outras, dependendo do interesse institucional, público e privado.

> O Censo Demográfico tem por objetivo contar os habitantes do território nacional, identificar suas características e revelar como vivem os brasileiros, produzindo informações imprescindíveis para a definição de políticas públicas e a tomada de decisões de investimentos da iniciativa privada ou de qualquer nível de governo. E também constitui a única fonte de referência sobre a situação de vida da população nos municípios e em seus recortes internos, como distritos, bairros e localidades, rurais ou urbanas, cujas realidades dependem de seus resultados para serem conhecidas e terem seus dados atualizados.
> (IBGE, 2022c)

Os usuários do IBGE são bastante variados: vão desde um cidadão comum até instituições públicas, que usam os dados coletados para avaliar políticas específicas e proceder a tomadas de decisão. Por exemplo, para avaliar a eficiência de um programa vinculado à política pública voltada para as mulheres, o primeiro passo é saber quantas mulheres existem na localização em questão, de forma a dimensionar os custos e as estratégias necessárias para atingir esse público. Se o programa for direcionado às mulheres acima de 65 anos, será necessário saber quantas têm essa idade e onde elas estão; afinal, não adianta aplicar o recurso em determinada região se o público-alvo está em outra.

No setor privado, as empresas também utilizam os dados gerados pelo censo para saber se posicionar no mercado e direcionar as ações de *marketing* e distribuição de mercadorias. O censo ajuda igualmente a definir e, principalmente, localizar os potenciais clientes e consumidores. Vejamos um exemplo: um empreendedor quer vender material escolar para crianças de até 5 anos, porém na cidade onde ele está a população predominante é mais velha e a taxa de fecundidade é próxima a zero. Será que ele está no melhor local para oferecer seu produto? Com certeza, não. Os dados do censo vão ajudá-lo a posicionar sua marca e oferecer seu produto para um mercado mais potencial. Talvez estratégias de *marketing* em outro município ou o direcionamento do *marketing* digital e vendas pela internet possam trazer mais resultados para a empresa, porque seu público-alvo não está localizado no mesmo município do empreendedor.

Na comunidade científica, o censo demográfico também é útil. Ele apresenta estudos populacionais e a projeção populacional para uma região, bem como ajuda em estudos para o direcionamento das políticas públicas de forma mais eficaz. Estudos geográficos usam, e muito, os Censos do Brasil. Na tese de Eloisa Maieski Antunes (2009), foram utilizados os Censos Demográficos compreendidos entre 1872 e 2010 para saber como o crescimento da população da faixa de fronteira se comportou diante das políticas específicas aplicadas nessa área. Com esse estudo, foi possível verificar quais cidades mais cresceram e quais fatores levaram a esse crescimento.

Na escala individual, o censo pode servir para sanar sua curiosidade sobre as características populacionais de seu município, seu bairro ou seu estado; os dados estão disponíveis de forma gratuita e livre. Também pode ser usado de forma lúdica como um jogo de aprendizagem entre os membros da família sobre as principais características do município onde habitam. Por meio do censo, você pode descobrir quantas pessoas negras moram em seu bairro, qual é o rendimento médio delas, quantas mulheres e homens vivem em seu município e, ainda, qual é a faixa etária dessas pessoas.

Os censos demográficos fornecem informações como número de ocupantes, sexo, idade e renda familiar em todas as residências presentes em nosso país, dados que podem ser cruzados em diferentes escalas, desde seu bairro até o território brasileiro.

Essas pesquisas são realizadas, tradicionalmente, a cada dez anos, em razão dos custos logísticos de aplicação e do tempo necessário para o levantamento de todos os dados. Segundo o próprio IBGE, a periodicidade dos Censos Demográficos é regulamentada pela Lei n. 8.184, de 10 de maio de 1991, "que estabelece um máximo de 10 anos para o intervalo intercensitário" (IBGE, 2022d).

O primeiro Censo brasileiro foi realizado em 1872 (após a Proclamação da República). Os demais foram realizados nos seguintes anos: 1890, 1900, 1920 (em 1910 não houve Censo), 1940 (em 1930 não houve Censo), 1950, 1960, 1970, 1980, 1991, 2000 e 2010. Os dados de todos os Censos estão disponibilizados no *site* do IBGE, em forma de livro eletrônico, e também no Sidra, disponíveis para consulta (IBGE, 2022c). Além do Censo, a Pesquisa Nacional por Amostra de Domicílios (Pnad) fornece dados das famílias por meio de uma amostragem.

O público-alvo do Censo brasileiro é "a população residente ou 'de direito', ou seja, a população é enumerada no seu local de residência habitual. Outra alternativa seria o levantamento da população 'de fato', ou seja, no local em que se encontrava na data de referência do Censo" (IBGE, 2022a). O Censo é um trabalho extremamente importante e regido por princípios internacionais, ou seja, a equipe do IBGE trabalha de forma conjunta com outros países com o objetivo de padronizar os meios de coleta das características populacionais do mundo todo.

Também é importante destacar que existe uma política de segurança da informação e da comunicação que assegura em lei o sigilo das informações prestadas por todos os cidadãos brasileiros: "Elas [as informações] serão usadas exclusivamente para fins estatísticos. Não podem ser usadas como prova em processo administrativo, fiscal e judicial, ou para qualquer outra finalidade" (IBGE, 2022e).

Convém ainda citar que a Lei n. 5.534, de 14 de novembro de 1968, regulamentada pelo Decreto n. 73.177, de 20 de novembro de 1973, declara que "toda pessoa natural ou jurídica, de direito público ou privado, é **obrigada** a prestar as informações solicitadas pelo IBGE" (IBGE, 2022e, grifo nosso). Com relação à segurança, existe a Política de Segurança da Informação e Comunicações (PoSIC) do IBGE, instituída pelo Decreto n. 3.505, de 13 de junho de 2000, e pela Instrução Normativa GSI/PR n. 1, de 13 de junho de 2008, que define "diretrizes estratégicas, responsabilidades e competências para garantir a confidencialidade, integridade, autenticidade e disponibilidade das informações" (IBGE, 2017b). Portanto, o Censo é uma ferramenta importante por todos os aspectos que já discutimos e que obedece a regras legais para que seja realizado de forma segura e com confidencialidade. Na sequência, veremos de forma mais detalhada algumas curiosidades sobre os Censos Demográficos já realizados no país.

3.1.1 Primeiro Censo do Brasil

O primeiro Censo brasileiro foi realizado pela Diretoria Geral de Estatística (DGE) em agosto de 1872, durante o período imperial, que perdurou 67 anos. O período de transição entre os últimos anos da Monarquia e a República foi marcado por mudanças socioeconômicas, como a expansão da cultura do café, a migração europeia e o fim da escravidão. O Censo Geral de 1872 aconteceu nesse contexto político e é o único que traz informações sobre a escravidão. A falta de qualidade das tentativas anteriores é justificada pelo temor da população em relação ao fisco e ao alistamento militar (Paiva et al., 2012).

Curiosidade

Dados sobre o Censo de 1872 podem ser coletados no próprio *site* do IBGE e também no Núcleo de Pesquisa em História Econômica e Demográfica (NPHED), da Universidade Federal de Minas Gerais (UFMG). O *link* para consulta é: <http://www.nphed.cedeplar.ufmg.br/>. Acesso em: 25 jan. 2022.

O Censo de 1872 foi realizado em 20 províncias, distribuídas em 641 cidades e um "município neutro" (atual cidade do Rio de Janeiro).

> As paróquias eram responsáveis pela contagem da população distribuída no espaço geográfico. Ao todo existiam 1.440 paróquias e cada uma possuía uma comissão responsável. O censo coletou a quantidade de homens livres e escravos distribuídos de acordo com o gênero, raça, estado civil, religião, defeitos físicos (usado como uma categoria antiga), nacionalidade e grau de instrução. Na época, a população total do Brasil era de aproximadamente 10 milhões de habitantes, sendo que 15% ainda era escrava. A população brasileira estava concentrada no litoral e na região sudeste. As províncias mais populosas eram Minas Gerais, Bahia e Pernambuco. (Antunes, 2009, p. 99)

Após alguns anos, em 1891, o Brasil tornou-se uma república, observando-se uma alteração no contexto político e no interesse sobre as características da população. Outro fator que interferiu na dinâmica demográfica foi a chegada de imigrantes europeus, atraídos pela oferta de emprego nas lavouras de café.

Curiosidade

O Censo de 2010 está inserido em um contexto internacional no âmbito da Comissão de Estatística das Nações Unidas (UNSD). O IBGE tem uma cooperação com o U.S. Census Bureau, o qual acompanhou o Censo Demográfico em 2010 nos Estados Unidos. Outro projeto de cooperação internacional é a padronização das estatísticas nos países do Mercado Comum do Sul (Mercosul), incluindo aqueles que são apenas membros e associados. O objetivo é apresentar dados comparáveis com os países próximos e estudar o fluxo migratório.

3.1.2 Censo Demográfico de 2010

O Censo 2010 do IBGE aponta que havia aproximadamente 190.732.694 habitantes, distribuídos em 5.565 municípios brasileiros. Para compreender melhor as bases demográficas disponíveis, é necessário conhecer dois conceitos fundamentais: **base territorial** e **setor censitário**.

> Base territorial é a denominação dada ao sistema integrado de mapas, cadastros e banco de dados, construído segundo metodologia própria para dar organização e sustentação espacial às atividades de

planejamento operacional, coleta e apuração de dados e divulgação de resultados do Censo Demográfico.

O setor censitário é a unidade territorial de controle cadastral da coleta, constituída por áreas contíguas, respeitando-se os limites da divisão político-administrativa, dos quadros urbano e rural legal e de outras estruturas territoriais de interesse, além dos parâmetros de dimensão mais adequados à operação de coleta. (IBGE, 2022d)

A base territorial e o setor censitário interferem na forma como são disponibilizados os dados demográficos.

Na sequência, veremos como pode haver o cruzamento de dados disponíveis no Sidra.

3.2 Possibilidades de análise demográfica e espacial

Como mencionamos no capítulo anterior, o IBGE trabalha tanto com a coleta estatística quanto com as geociências. Desse modo, é importante que o leitor saiba as possibilidades que a divisão territorial do Brasil traz para as pesquisas demográficas.

A **divisão político-administrativa** compreende: distrito federal, estados, municípios, distritos, subdistritos, bairros, regiões metropolitanas e regiões integradas de desenvolvimento. Essa divisão enriquece consideravelmente as possibilidades de pesquisa, porque é possível, apenas com uma variável, o estudo de seu comportamento em todas as divisões. Vamos considerar, por exemplo, a variável *raça* – categoria *branca*. Com a divisão político-administrativa e a disponibilidade dos dados, podemos saber a quantidade de pessoas brancas moradoras do Distrito Federal, a quantidade de brancos presente em qualquer estado brasileiro, em qualquer dos 5.565 municípios brasileiros (ainda há a possibilidade de comparação entre eles), em um bairro específico, em regiões metropolitanas e em regiões integradas de desenvolvimento. Aqui, consideramos apenas uma categoria da variável racial, mas o mesmo raciocínio pode ser aplicado a todas as outras (etnias negra, parda, indígena e amarela).

Para saber mais

A evolução político-administrativa pode ser consultada no seguinte *site*: <https://atlasescolar.ibge.gov.br/images/atlas/mapas_brasil/brasil_evolucao_da_divisao_politico_administrativa.pdf>. Acesso em: 25 jan. 2022.

Outra perspectiva possível é a **divisão regional**, que foi definida em 1970 com a seguinte classificação: Região Norte, Região Nordeste, Região Centro-Oeste, Região Sul e Região Sudeste. Nesse caso, igualmente é possível cruzar as variáveis de acordo com a divisão territorial. Usando o mesmo raciocínio empregado no exemplo anterior, podemos saber quantos brancos residem em cada uma dessas regiões. Também existe uma divisão regional baseada em zonas fisiográficas, conforme as características do meio físico mais utilizadas pela geografia física.

O Quadro 3.1 apresenta as possibilidades de análise espacial de acordo com alguns dados disponíveis no IBGE. Além da escala dada pela divisão político-administrativa e pela divisão regional, também é possível cruzar os dados conforme outras variáveis, como nível educacional, faixa etária, sexo, raça/cor e rendimento. Podemos acrescentar, ainda, a variável temporal/histórica dos dados disponíveis, ou seja, existe a possibilidade de análise de dados com base na variável *população*. Na sequência, faremos a aplicação da análise de dados conforme o objetivo da pesquisa.

Quadro 3.1 - Possibilidades de análise espacial

Variável		Recorte geográfico	
Variáveis sobre a população	**Recorte temporal**	**Divisão regional**	**Estrutura político-administrativa**
Rendimento	1872	Norte	Distrito
Idade	1890	Nordeste	Estados
Raça/cor	1900	Centro-Oeste	Municípios
Educação	1920	Sudeste	Bairros
Família	1940	Nordeste	Regiões metropolitanas
Aglomerado subnormal	1950	Sul	Regiões integradas de desenvolvimento
Atividade	1960		Região rural
Características gerais dos indígenas	1970		Aglomeração urbana
Deficiência	1980		Região metropolitana e subdivisão
Deslocamentos	1991		Microrregião geográfica
Domicílios	2000		Mesorregião geográfica

(continua)

(Quadro 3.1 - conclusão)

Variável		Recorte geográfico	
Emigração	2010		Região geográfica imediata
Etnia			Região geográfica intermediária
Fecundidade			Recorte regional/ geográfico conforme o objetivo da pesquisa
Língua falada			
Migração			
Migração e deslocamento			
Mortalidade			
Nupcialidade			
Nupcialidade e fecundidade			
Pessoas			
Registro de nascimento			
Religião			
Responsável pelo domicílio/família			
Terras indígenas			
Trabalho infantil			
Trabalho e rendimento			

O Quadro 3.1 foi elaborado com base em alguns dos dados disponíveis no Sidra, do IBGE. Você pode realizar o cruzamento dos dados conforme a disponibilidade no sistema e a variável ligada à população a ser trabalhada. Por exemplo, se o objetivo de sua pesquisa é identificar as populações que apresentam algum tipo de deficiência, no Sidra você pode realizar a busca de dados de acordo com os recortes temporal e geográfico disponíveis.

Vejamos outros exemplo, considerando-se a divisão geográfica: se sua pesquisa tem como objetivo descobrir qual região, segundo a divisão regional, tem os maiores índices de fecundidade, então, no Sidra, você deve optar pela variável *fecundidade* e selecionar a divisão regional para a busca de dados.

Lembre-se de que é possível cruzar os dados entre si e entre os recortes geográfico e temporal. Na prática, isso significa que você pode cruzar as variáveis sobre a população com os Censos Demográficos e também de acordo com o recorte geográfico disponível, que pode conter desde dados municipais até regionais. São inúmeras as possibilidades de pesquisa, e o que vai indicar o cruzamento de dados a ser feito é o objetivo que se busca alcançar.

3.3 Crescimento vegetativo da população

Já vimos qual é a importância do censo demográfico, como funciona o Censo do IBGE e também as possibilidades de cruzamento de informações de acordo com as divisões territoriais adotadas pelo instituto e as variáveis de dados disponíveis. Agora, analisaremos as duas principais variáveis que alteram a dinâmica populacional em termos quantitativos, ou seja, quando ocorre o crescimento vegetativo da população: (i) a taxa de fecundidade e (ii) a taxa de mortalidade. Se fôssemos realizar um balanço das variáveis que interferem na entrada e na saída da dinâmica populacional, a taxa de fecundidade seria a representação da entrada de pessoas, e a taxa de mortalidade, a representação da saída. Vejamos cada conceito separadamente.

A **taxa de fecundidade** é o número médio de filhos nascidos vivos, tidos por mulher ao final de seu período reprodutivo, em determinado espaço geográfico, ou seja, de uma forma bem simplória, calcula-se a média da quantidade de filhos que as mulheres daquela amostra tiveram ao longo do tempo.

> A taxa de fecundidade total é um dos componentes da dinâmica demográfica e afeta diretamente a estrutura etária da população: altas taxas de fecundidade total estão associadas com estruturas etárias muito jovens e reduzida proporção de pessoas idosas. Entretanto, ao considerar as diversas regiões do país, a importância da fecundidade total sobre a determinação da estrutura etária pode ser menos expressiva em função da intensidade dos fluxos migratórios.
>
> O decréscimo da taxa de fecundidade total pode estar associado a vários fatores, dentre os quais a melhoria do nível educacional da mulher tem peso considerável. Porém, a urbanização crescente, a redução da mortalidade infantil, a ampliação do acesso a métodos contraceptivos, a maior participação da mulher

no mercado de trabalho e a precariedade das condições de emprego, principalmente o feminino, são fatores que, combinados, explicam os baixos níveis da taxa de fecundidade vigentes no país. (IBGE, 2022f)

Observe o Gráfico 3.1, que apresenta a taxa de fecundidade no Brasil de 2000 até 2015. Essa é uma das formas de se realizar a análise populacional do país. A taxa pode ser calculada de acordo com a divisão territorial, então, se você deseja pesquisar a taxa de fecundidade de seu município, basta ir ao *site* do IBGE e fazer a consulta.

Gráfico 3.1 – Taxa de fecundidade – Brasil – 2000 a 2015

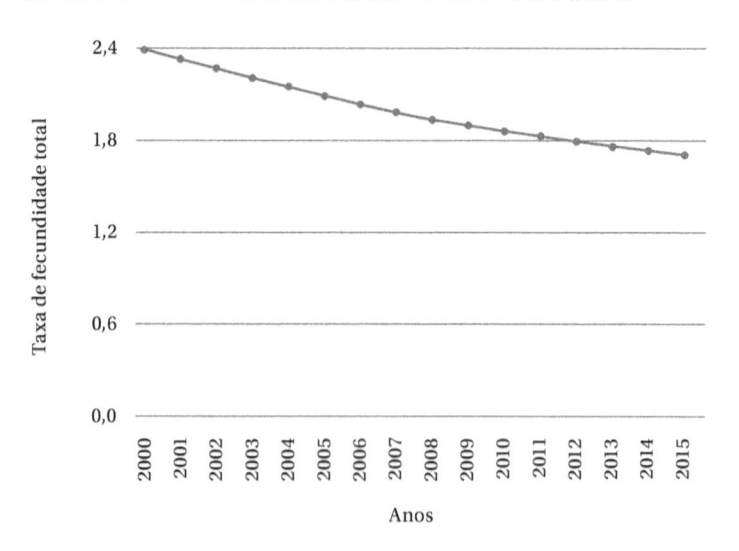

Fonte: Sidra, 2022.

Depois de coletado o dado, é importante fazer a análise corretamente. Por exemplo, o Gráfico 3.1 nos mostra que a taxa de fecundidade está diminuindo ao longo do tempo. Em 2000, a taxa era de 2,4, ou seja, nasciam em torno de 2,4 bebês para cada mulher em estado reprodutivo. Em 2015, a taxa de fecundidade caiu para 1,8, ou seja, o número de filhos nascido vivos está ficando menor ao longo do tempo.

A taxa de mortalidade também influencia a dinâmica populacional. A quantidade de mortes durante um período estudado é calculada por meio da taxa de mortalidade, assim definida:

> Representa a frequência com que ocorrem os óbitos em uma população. Quociente entre número de óbitos ocorridos durante um ano civil e a população total ao meio do ano civil, vezes 1000.
>
> [...]
>
> Taxas elevadas de mortalidade podem estar associadas a precárias condições socioeconômicas ou refletir elevada proporção de pessoas idosas na população total. É influenciada pela estrutura etária e de sexo da população. (IBGE, 2022g)

Observe o Gráfico 3.2, que mostra a taxa de mortalidade no Brasil de 2000 até 2015. Trata-se de uma das formas de se realizar a análise populacional do país. A taxa pode ser calculada de acordo com a divisão territorial, então, se você deseja pesquisar a taxa de mortalidade de seu município, basta acessar o *site* do IBGE e fazer a consulta.

Gráfico 3.2 – Taxa bruta de mortalidade por mil habitantes – Brasil – 2000 a 2015

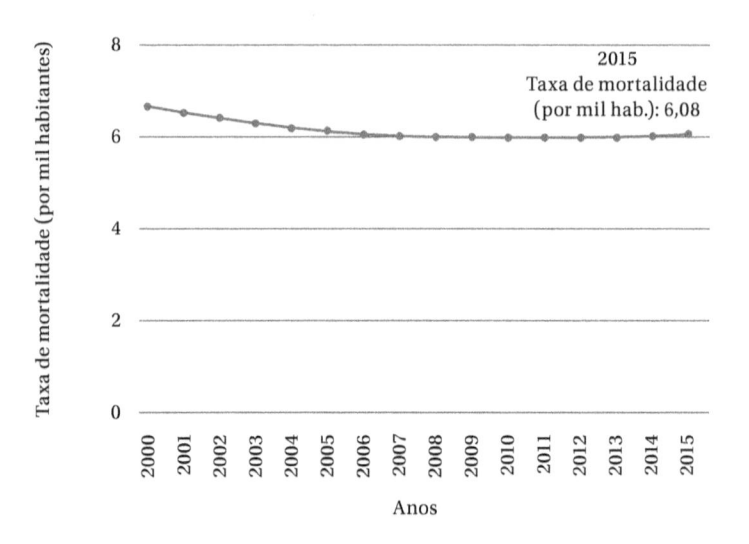

[Gráfico de linha mostrando a taxa de mortalidade por mil habitantes no Brasil de 2000 a 2015, decrescendo de aproximadamente 6,7 em 2000 para 6,08 em 2015. Eixo Y: Taxa de mortalidade (por mil habitantes), de 0 a 8. Eixo X: Anos, de 2000 a 2015. Destaque: 2015 - Taxa de mortalidade (por mil hab.): 6,08]

Fonte: Sidra, 2022.

Depois de coletado o dado, é importante realizar a análise corretamente. Por exemplo, o Gráfico 3.2 nos mostra que a taxa de mortalidade tem sido reduzida ao longo do tempo. Em 2015, a taxa de mortalidade era de 6,08, ou seja, havia 6,08 óbitos a cada mil habitantes. Um objetivo de pesquisa poderia ser analisar o que leva à morte dos habitantes em determinado local, por meio de um levantamento estatístico das mortes no município, observando-se, por exemplo, qual é a doença mais comum etc.

3.4 Pesquisa demográfica na prática

Depois de compreender os principais conceitos relacionados aos estudos de população (do campo ou urbana), o próximo passo é aplicar técnicas de pesquisa para resolver o problema inicial proposto. Aqui, mostraremos como isso pode ser feito por meio da análise espacial, conforme algumas possibilidades indicadas no Quadro 3.1. É importante reforçar que a leitura do capítulo anterior é fundamental para a compreensão das etapas que serão aplicadas nos exemplos a seguir.

Conforme já discutido no Capítulo 2 e de acordo com o objetivo de sua pesquisa, há perguntas que podem ser realizadas durante a análise de dados da população, como:

» Onde há maior crescimento populacional?
» Qual foi o maior incremento populacional nos últimos anos?
» Há diferença populacional entre um censo e outro? Quanto, em valores brutos? E em porcentagem?
» Qual é a região/município mais populosa de sua análise?
» Essa região/município tem característica particular?
» Qual é a taxa geométrica anual dessa região?

Nas próximas seções, veremos como é possível trabalhar com esses dados no texto considerando-se o campo teórico da geografia humana, em suas vertentes urbana, rural e populacional.

3.4.1 Estudo da taxa de urbanização do Brasil

Chegou o momento de aplicar o que já discutimos sobre geografia humana. Os passos básicos da pesquisa são: definir o objetivo, realizar uma revisão bibliográfica, estruturar os procedimentos metodológicos, coletar os dados e analisar os dados/resultados.

Passo 1: O quê? Onde? Quando?

Objetivo: Para definir o objetivo, é necessário responder a três perguntas principais – O quê? Onde? Quando? –, conforme vimos no Capítulo 2.

Na prática:

» O quê? Analisar a evolução da taxa de urbanização do Brasil.
» Onde? No Brasil e nas divisões regionais.
» Quando? De 1940 a 2010.
» Objetivo principal: Analisar a taxa de urbanização do Brasil e nas divisões regionais de 1940 a 2010.

Passo 2: Revisão bibliográfica

Esse passo é muito importante e faz parte da rotina de todos os pesquisadores. Se sua pesquisa tiver cunho científico, com o objetivo de elaborar um artigo científico ou um trabalho de conclusão de curso, trata-se de uma etapa primordial.

Essa etapa inclui a pesquisa de trabalhos de outras pessoas que já pesquisaram sobre o assunto, incluindo *sites*, artigos científicos, livros, dissertações e teses.

Para saber mais

Na prática, você pode realizar sua pesquisa nos periódicos da Coordenação de Aperfeiçoamento de Pessoal de Nível Superior (Capes), que é considerada uma biblioteca virtual de informação científica, disponível em: <https://www-periodicos-capes-gov-br.ezl.periodicos.capes.gov.br/index.php?>. Acesso em: 25 jan. 2022.

A plataforma conta com mais de 48.038 títulos, sendo os artigos validados e analisados por meio de uma revisão realizada por pares na comunidade científica. Para você fazer a pesquisa no portal, basta seguir o tutorial disponível no *site*: <https://www.periodicos.capes.gov.br/images/documents/Portal_Peri%C3%B3dicos_CAPES_Guia_2019_4_oficial.pdf>. Acesso em: 25 jan. 2022.

De forma geral, você inicia a pesquisa com assuntos mais abrangentes, seguindo para assuntos mais específicos. Dando continuidade ao nosso exemplo, em que o objetivo é analisar a taxa de urbanização do Brasil, podemos considerar como assuntos abrangentes:

» crescimento da população mundial;
» população brasileira;
» crescimento da população brasileira nos últimos 50 anos;
» características da população brasileira;
» problemas demográficos.

São assuntos mais específicos:

» conceito de urbanização
» conceito da taxa de urbanização – no caso, a "percentagem da população da área urbana em relação à população total" (IBGE, 2022h).

A revisão bibliográfica deve ser consistente e escrita de forma clara e objetiva para fundamentar o que você busca provar. Quanto mais concisa e mais clara a base argumentativa, mais fácil será para o leitor compreender por que essas informações estão sendo discutidas em seu trabalho.

Passo 3: Procedimentos metodológicos

A metodologia de pesquisa é definida juntamente com o professor orientador. Existem vários livros que já tratam dessa temática e, se você ficar em dúvida sobre esse assunto, sugerimos a leitura do Capítulo 1 (sobre procedimentos metodológicos) e do Capítulo 2 (sobre os passos iniciais da pesquisa quantitativa).

Para o exemplo que estamos trabalhando, o procedimento metodológico (como se faz a análise da taxa de urbanização) inclui o cálculo da taxa de urbanização do Brasil e das regiões selecionadas.

Para isso, precisamos saber quais são a população urbana e a população total, para, posteriormente, aplicarmos a fórmula da taxa de urbanização (TU).

$$TU = \frac{\text{População urbana}}{\text{População absoluta}} \times 100$$

TU = população urbana / população absoluta * 100
População absoluta: é a somatória da população rural e urbana.

Na prática, temos os dados da Tabela 3.1.

Tabela 3.1 – População urbana e rural – Brasil e Região Sul – 2010

	População urbana 2010	População rural 2010
Brasil	160.925.792	29.830.007
Região Sul	23.260.896	4.125.995

Fonte: IBGE, 2022i.

Digamos que você queira calcular a taxa de urbanização da Região Sul. Então, você utiliza o valor da população urbana e o divide pela população total e depois multiplica por 100.

População total: 23.260.896 + 4.125.995 = 27.386.891
23.260.896/27.386.891 * 100 = 0.8493 * 100 = 84.93%

Ou seja, a taxa de urbanização da Região Sul é de 84,93%. Isso significa que, a cada 100 habitantes da Região Sul, quase 85 pessoas moram em cidades.

Passo 4: Coleta de dados

Para o nosso exemplo sobre a taxa de urbanização do Brasil, utilizamos o levantamento de dados realizado pelo IBGE. Nesse caso, já foi feito o levantamento de dados da taxa de urbanização, que pode ser consultado na Tabela 3.2, elaborada conforme descrito no capítulo anterior. Se não estivesse disponível a taxa de urbanização, seria necessário baixar os dados dos Censos (de 1940 a 2010) com a população total e a população urbana e, em seguida, calcular a taxa de urbanização levando-se em consideração esses dados.

Tabela 3.2 - Taxa de urbanização

Região	1940	1950	1960	1970	1980	1991	2000	2007	2010
Brasil	31,24	36,16	44,67	55,92	67,59	75,59	81,23	83,48	84,36
Norte	27,75	31,49	37,38	45,13	51,65	59,05	69,83	76,43	73,53
Nordeste	23,42	26,4	33,89	41,81	50,46	60,65	69,04	71,76	73,13
Sudeste	39,42	47,55	57	72,68	82,81	88,02	90,52	92,03	92,95
Sul	27,73	29,5	37,1	44,27	62,41	74,12	80,94	82,9	84,93
Centro-Oeste	21,52	24,38	34,22	48,04	67,79	81,28	86,73	86,81	88,8

Fonte: Sidra, 2022.

A coleta dos dados pode ser realizada diretamente no Sidra. Recomendamos fortemente a realização dos cursos de curta duração do IBGE, para aprender a buscar com maior eficiência os dados públicos disponíveis.

Passo 5: Análise dos dados

A etapa da análise de dados é posterior à coleta de dados e visa sintetizar e exprimir os principais resultados obtidos por meio da leitura dos dados.

As perguntas possíveis de serem respondidas pela análise da Tabela 3.2 são:

- Quando o Brasil passa a ser mais urbano do que rural? Resposta: A partir de 1970.
- Quando a Região Norte passa a ser mais urbana do que rural? Resposta: A partir de 1970.
- Quando a Região Nordeste passa a ser mais urbana do que rural? Resposta: A partir de 1980.
- Quando a Região Sudeste passa a ser mais urbana do que rural? Resposta: A partir de 1960.
- Quando a Região Sul passa a ser mais urbana do que rural? Resposta: A partir de 1980.
- Quando a Região Centro-Oeste passa a ser mais urbana do que rural? Resposta: A partir de 1980.
- Qual região tem a maior taxa de urbanização atualmente? Resposta: A Região Sudeste.
- Qual região tem a menor taxa de urbanização atualmente? Resposta: A Região Nordeste.

Com as respostas dessas perguntas, é possível iniciar um texto para dissertar sobre os principais resultados extraídos da tabela.

3.4.2 Estudo da taxa de urbanização nos arcos fronteiriços do Brasil

Passo 1: O quê? Onde? Quando?

» Objetivo: Analisar a taxa de urbanização nos arcos fronteiriços do Brasil.
» O quê? Avaliar/analisar a taxa de urbanização.
» Onde? Arcos fronteiriços[i].
» Quando? De 1970 a 2010.

Passo 2: Revisão bibliográfica

Essa etapa inclui a pesquisa em *sites*, artigos científicos, livros, dissertações, teses. Lembramos que você pode iniciar a pesquisa de uma forma mais abrangente, seguindo para assuntos mais específicos.

Aqui, são assuntos abrangentes: população fronteiriça, população brasileira, políticas aplicadas na faixa de fronteira. São assuntos mais específicos: conceito de urbanização, taxa de urbanização na faixa de fronteira, arcos fronteiriços.

Passo 3: Procedimentos metodológicos

A metodologia de pesquisa utilizada nesse caso foi o cálculo da taxa de urbanização por arco fronteiriço. Diferentemente do exemplo referente à taxa de urbanização mostrado anteriormente, em que o levantamento já estava disponível no IBGE, nesse recorte espacial dos arcos fronteiriços é preciso calcular a taxa de urbanização

---

i. Arco fronteiriço: trata-se de conceito construído por um grupo de pesquisadores, portanto você não deve encontrar esse recorte geográfico no Sidra; porém, com os dados municipais, é possível realizar esse recorte geográfico (veja mais detalhes a seguir, em "Procedimentos metodológicos").

de cada município que está no arco fronteiriço e, depois, calcular a taxa de urbanização em cada arco.

Na prática, é preciso baixar os Censos Demográficos de todos os municípios, selecionar aqueles que participam de cada arco, com os respectivos dados populacionais (população rural e população absoluta) e fazer o cálculo separadamente. A taxa de urbanização em cada arco encontra-se na Tabela 3.3.

É importante salientar que, sempre que o recorte regional/geográfico foge aos dados já disponíveis no Sidra, faz-se necessário construir o recorte conforme os objetivos da pesquisa.

Tabela 3.3 – Taxa de urbanização em 2010 por arcos fronteiriços

Arcos	Taxa de urbanização
Arco Norte	68%
Arco Central	78%
Arco Sul	77%

Fonte: Sidra, 2022.

Passo 4: Coleta de dados

Para o nosso exemplo sobre a taxa de urbanização do Brasil, usamos o levantamento de dados primários no IBGE. Os dados levantados foram os Censos Demográficos de 1970 a 2010.

Passo 5: Análise dos dados

A etapa da análise de dados é posterior à de coleta de dados, que pode ser realizada no *site* do IBGE e em outros *sites* similares. Antunes (2018, p. 119) mostra um exemplo de pesquisa disponível para análise populacional usando esse recorte geográfico especial: "Em relação à taxa de urbanização nos arcos fronteiriços, na década de 1970 era de 24%. Hoje a taxa de urbanização é de 75%, ou seja, ela triplicou entre 1970 e 2010. Comparativamente, a taxa de urbanização nacional em 1970 era de 55,92% e hoje é de 84,36%".

Observe que a autora faz uma comparação entre as taxas de urbanização nas décadas de 1970 e 2010. Ela traz elementos quantitativos que foram coletados no IBGE e segmentados conforme a divisão territorial adotada na pesquisa. Além da tabela, é possível construir um mapa com os dados trabalhados.

3.4.3 Estudo da taxa de crescimento da população brasileira

Passo 1: O quê? Onde? Quando?

» Objetivo: Analisar o crescimento da população do Brasil e das principais regiões em 2020.
» O quê? Analisar o crescimento da população brasileira.
» Onde? Em nível nacional e por regiões.
» Quando? Em 2020.

Passo 2: Revisão bibliográfica

Vamos utilizar este exemplo para ilustrar a pesquisa da dinâmica demográfica atual sem um cunho necessariamente acadêmico. Portanto, não é necessária uma revisão bibliográfica ampla.

Passo 3: Procedimentos metodológicos

Observe que, no ano de 2020, apesar de ser um ano de realização do Censo Demográfico, ele não foi feito em razão da pandemia de covid-19. Entretanto, nesse caso, é possível usar os dados de estimativas de população. A metodologia de pesquisa utilizada foi o cálculo da taxa de crescimento da população nas Grandes Regiões entre 2019 e 2020 e uma tabela de frequência para saber qual região tem maior população.

Para o cálculo do crescimento populacional, utilizamos:

$$r = \left[\left(\sqrt[n]{\frac{P_t}{P_o}}\right) - 1\right] \times 100$$

Em que:

r = taxa de crescimento

n = número de anos

P_t = população final

P_o = população inicial

Passo 4: Levantamento de dados

Para o nosso exemplo sobre o crescimento populacional, utilizamos o Sidra para a composição da Tabela 3.4.

Tabela 3.4 – População residente no Brasil e nas Grandes Regiões – 2019 e 2020

Brasil e Grande Região	Ano	
	2019	2020
Brasil	210.147.125	211.755.692
Norte	18.430.980	18.672.591
Nordeste	57.071.654	57.374.243
Sudeste	88.371.433	89.012.240
Sul	59.975.984	30.192.315
Centro-Oeste	16.2974.074	16.504.303

Fonte: Sidra, 2022.

Para o cálculo do crescimento, selecionamos o valor de 2020 por região e o dividimos pelo respectivo valor de 2019. Depois, subtraímos 1 e multiplicamos por 100. O resultado está disponibilizado na Tabela 3.5.

Tabela 3.5 – Taxa de crescimento demográfico por região

Região	Taxa de crescimento
Nordeste	0,53
Sul	0,72
Sudeste	0,72
Centro-Oeste	1,26
Norte	1,29
Brasil	0,76

Fonte: Sidra, 2022.

Para a tabela de frequência, como vimos no Capítulo 2, deve ser calculada a porcentagem que cada região representa em termos de população em relação à população total (Tabela 3.6).

Tabela 3.6 – Tabela de frequência da população por região – 2020

Região	2020	% em 2020	Frequência acumulada
Norte	18.672.591	8,89	8,89
Nordeste	57.374.243	27,30	36,19
Sudeste	89.012.240	42,36	78,54
Sul	30.192.315	14,37	92,91
Centro-Oeste	16.504.303	7,85	100

Fonte: Sidra, 2022.

Passo 5: Análise dos dados

Sobre a taxa de crescimento, é possível:

» comparar a taxa de crescimento por região em relação à taxa de crescimento do Brasil;
» identificar a maior e a menor taxa de crescimento das cinco regiões;

» comparar a taxa de crescimento do Brasil com a de outros países;
» comparar a taxa de crescimento do Brasil com algo que considerou interessante durante sua pesquisa.

Com relação à análise das tabelas, na Tabela 3.6, é possível verificar a taxa de crescimento da população brasileira por divisão regional. Observe que a maior taxa de crescimento populacional ocorre na Região Norte, e a menor, na Região Nordeste. A taxa de crescimento nacional é de 0,76%. A Região Nordeste tem a maior taxa de crescimento; é a região que ocupa o segundo lugar, por ordem crescente, em termos quantitativos de população. A região mais populosa é a Sudeste, seguida das Regiões Nordeste e Sul.

Síntese

Neste capítulo, analisamos algumas formas possíveis de desenvolver estudos acerca da população sob o viés da pesquisa quantitativa. Apresentamos o estudo das bases demográficas justificando a importância do censo demográfico.

Também discutimos conceitos fundamentais, como o de base territorial e o de setor censitário, bem como algumas possibilidades de análise espacial conforme dados disponíveis no IBGE, como nível educacional, faixa etária, sexo, raça/cor e rendimento. A possibilidade de cruzamento de dados é bastante numerosa, levando-se em consideração os recortes temporal e geográfico disponíveis para a pesquisa. Na sequência, vimos algumas possibilidades de pesquisa possíveis de serem realizadas com base nesses dados.

Indicações culturais

Filme

AQUARIUS. Direção: Kleber Mendonça Filho. Produção: Emilie Lesclaux. Brasil/França: CinemaScópio, 2016. 145 min.

O filme retrata a vida de uma mulher que mora em um antigo prédio em Recife, o qual sofre com a especulação imobiliária de uma construtora que deseja construir um edifício mais moderno no local.

Atividades de autoavaliação

1. O Censo Demográfico do IBGE é divulgado de quanto em quanto tempo?

   a) A cada 5 anos.
   b) A cada 2 anos.
   c) Depende da disponibilidade dos recursos governamentais, mas costuma ser a cada 7 anos.
   d) A cada 10 anos, porém houve décadas em que os dados do Censo Demográfico não foram coletados no ano esperado.
   e) A cada 15 anos, quando são realizadas outras estimativas populacionais.

2. O Sidra oferece importantes bases estatísticas sobre a população, a economia e outros temas. Sobre o Sidra, é possível afirmar:

   a) Diversas variáveis com diferentes recortes temporais e geográficos podem ser cruzadas.
   b) Apenas dados do último Censo podem ser acessados.
   c) Dados da divisão regional podem ser consultados, exceto dados municipais.

d) As variáveis disponíveis no Sidra não são comparáveis.

e) Nenhuma das alternativas anteriores está correta.

3. Sobre a taxa de fecundidade, assinale a opção correta:

a) A taxa de fecundidade não interfere na dinâmica populacional.

b) A taxa de fecundidade depende apenas do número de mulheres dispostas a engravidar.

c) A taxa de fecundidade considera os bebês nascidos mortos.

d) A taxa de fecundidade depende da média de nascidos vivos.

e) Nenhuma das alternativas anteriores está correta.

4. Sobre a taxa de urbanização, é correto afirmar:

I. Depende da quantidade de habitantes nas áreas rural e urbana.

II. O êxodo rural fez inchar as cidades e provocou degradação ambiental em torno das áreas urbanas.

III. A taxa de urbanização é a relação entre os habitantes da área urbana e da população total.

Agora, assinale a alternativa que indica a(s) afirmativa(s) correta(s):

a) Apenas I.

b) I e II.

c) Todas estão corretas.

d) Apenas III.

e) Nenhuma das afirmativas está correta.

5. Os estudos demográficos são relevantes para:

   a) dimensionamento de políticas públicas, se for analisado o público potencial antes de aplicá-las.
   b) projeções comerciais e financeiras.
   c) uso acadêmico.
   d) estudos de *marketing*.
   e) Todas as alternativas anteriores estão corretas.

Atividades de aprendizagem

Questões para reflexão

1. Os Censos Demográficos do IBGE fornecem informações como número de ocupantes, sexo, idade e renda familiar em todas as residências presentes no território brasileiro, que podem ser cruzadas em diferentes escalas, desde seu bairro até o território brasileiro. Descreva a utilidade desses dados.

2. A análise espacial elaborada pelo geógrafo pode ser útil para uma série de análises de dados. Com o Censo brasileiro, o que é possível analisar/verificar na perspectiva da geografia urbana?

Atividade aplicada: prática

1. Por que conhecer os dados demográficos de um país é importante para a elaboração de políticas públicas? Para responder a essa questão, sugerimos que você leia novamente este capítulo com o olhar de uma figura pública, refletindo sobre como esse conhecimento demográfico pode ajudar na formulação de políticas públicas. Depois, elabore um questionário curto, de até dez perguntas, sobre o assunto, encaminhe-o a um político de sua preferência e peça para entrevistá-lo.

4 Pesquisa para estudos de economia e indústria

Provavelmente, você já se deparou com termos como *inflação*, *Produto Interno Bruto* (PIB) e *indicadores de crescimento econômico* em noticiários da TV ou em algum jornal. O estudo das técnicas de pesquisa utilizadas nas áreas de geografia econômica e industrial é baseado na leitura de indicadores econômicos, que são utilizados para descrever ou apontar o comportamento das variáveis e fenômenos de uma economia. Os indicadores servem para descrever tendências e ajudar na tomada de decisão dos governantes de instituições públicas e privadas, assim como para os consumidores e cidadãos comuns compreenderem a realidade do momento econômico analisado. Neste capítulo, vamos tratar do PIB e de indicadores relacionados à inflação e, assim, poderemos analisar momentos distintos da economia nacional e internacional.

Os indicadores são dados estatísticos que fornecem informações sobre a situação em determinado recorte temporal. Por meio dessas informações, é possível analisar momentos de alta e baixa do mercado, traçar tendências, realizar pesquisas em relação ao comportamento de uma variável e identificar possíveis estratégias para melhorar o desempenho. Existem diversos indicadores, mas, neste capítulo, vamos trabalhar especificamente com os indicadores de nível de atividade e de preços, porque têm uma grande importância para a leitura geográfica econômica, principalmente para a disciplina de geografia econômica. Os indicadores industriais também são indicadores econômicos para a medição da atividade, porém aplicados na atividade industrial.

Assim, este capítulo é dedicado à leitura dos principais indicadores econômicos e industriais existentes sob o viés da pesquisa quantitativa. Para melhor compreensão das pesquisas dessa disciplina, recomendamos a leitura dos capítulos anteriores.

4.1 Indicadores de nível de atividade

O indicador mais comum para verificar o nível de atividade é o **Produto Interno Bruto (PIB)**, que é o indicador-síntese da produção de bens e serviços dentro do território brasileiro. O PIB é equivalente à soma dos valores adicionados pelas diversas atividades econômicas, acrescida de impostos, custos logísticos, margem de comissão ou qualquer outra variável que possa interferir no preço do produto.

Segundo o Instituto Brasileiro de Geografia e Estatística (IBGE, 2017c, p. 17), o PIB pode, portanto, ser expresso por três óticas:

> da produção – o produto interno bruto é igual ao valor bruto da produção, a preços básicos, menos o consumo intermediário, a preços de consumidor, mais os impostos, líquidos de subsídios, sobre produtos; da despesa – o produto interno bruto é igual à despesa de consumo das famílias, mais o consumo do governo, mais o consumo das instituições sem fins de lucro a serviço das famílias (consumo final), mais a formação bruta de capital fixo, mais a variação de estoques, mais as exportações de bens e serviços, menos as importações de bens e serviços; e da renda – o produto interno bruto é igual à remuneração dos empregados, mais o total dos impostos, líquidos de subsídios, sobre a produção e a importação, mais o rendimento misto bruto, mais o excedente operacional bruto.

Portanto, esse indicador é definido como a somatória de todos os bens e serviços **finais** produzidos (cidade, estado, país) em uma economia durante um período, normalmente um ano. A justificativa usada para somar apenas os produtos finais é evitar a dupla contagem de produtos entre os bens e os serviços intermediários e finais. Os bens e os serviços finais que compõem o PIB são medidos no preço em que chegam ao consumidor final. Assim, estão inclusos impostos, comissões e valor de frete, haja vista que quem paga, em última instância, é o consumidor.

O PIB é um indicador de fluxo de **novos** bens e serviços, não é estoque de riqueza, mas um indicador da capacidade de geração de riqueza. Se, em um ano, o país não produzir nada, seu PIB será nulo. Se, na comparação do PIB entre um ano e outro, houver aumento do PIB real, isso significa que o país teve condição de produzir mais produtos/serviços. É importante destacar que a soma dos produtos e serviços é realizada na moeda local, sendo estes produzidos dentro da fronteira nacional, tanto em empresas brasileiras quanto em empresas estrangeiras.

Para calcular o PIB, são considerados alguns estudos realizados pelo IBGE e também por outros órgãos, como Receita Federal, Banco Central (Bacen) e Fundação Getulio Vargas (FGV). Os dados usados para o cálculo do PIB feito pelo IBGE são:

- Índice Nacional de Preços ao Consumidor Amplo – IPCA (IBGE);
- Produção Agrícola Municipal – PAM (IBGE);
- Pesquisa Anual de Comércio – PAC (IBGE);
- Pesquisa Anual de Serviços – PAS (IBGE);
- Pesquisa de Orçamentos Familiares – POF (IBGE);
- Pesquisa Industrial Anual – Empresa – PIA-Empresa (IBGE);

» Pesquisa Industrial Mensal – Produção Física – PIM-PF (IBGE);
» Pesquisa Mensal de Comércio – PMC (IBGE);
» Pesquisa Mensal de Serviços – PMS (IBGE).

Segundo Lourenço e Romero (2002), o cálculo do PIB em dólar é feito pelo Bacen, considerando-se a paridade do poder de compra da moeda nacional em face de uma cesta de moedas dos países que mantêm maior intercâmbio comercial com o Brasil. A metodologia para transformar o PIB de real para dólar é recomendada pela Organização das Nações Unidas (ONU), sendo usada também por outros países a fim de criar dados comparáveis entre eles.

Agora que definimos o conceito de PIB, vejamos alguns conceitos relacionados a ele que podem ser encontrados na literatura com uma certa frequência:

» **PIB nominal**: nesse caso, a inflação influencia a medida do PIB, pois se trata de um aumento no preço sem o necessário aumento proporcional da produção, ou seja, o preço do produto/mercadoria aumenta e não necessariamente há um aumento da produção desse produto/mercadoria, que é o foco do PIB. O PIB nominal serve para dar uma ideia da dimensão do sistema, porque mostra a agregação da produção física de todos os bens e serviços pelos preços descontados das transações intermediárias.

» **PIB real**: para o cálculo do PIB real, não é considerada a inflação. Continua sendo uma medida de crescimento do produto físico a preços constantes, calculados em base/ano, porém sem considerar a inflação. Isso significa que, se o PIB do ano anterior for comparado ao PIB deste ano, por exemplo, a capacidade de produzir bens e serviços será a mesma ou superior, ficando no mesmo nível de preço do ano anterior. Então, com o PIB real, se a capacidade de produção aumentou 5%, significa que se produziu mais – não foi a inflação que deixou mais caro aquele produto/serviço, porque não houve alteração de preço. Para o cálculo do PIB real, utiliza-se a seguinte equação:

PIB Real = PIB Nominal/Deflator do PIB

O deflator do PIB é assim definido: "variação média dos preços do período em relação à média dos preços do período anterior" (IBGE, 2017c, p. 14).

4.1.1 Análise do PIB

A seguir, apresentamos as formas de se analisar o PIB.

Análise da evolução do PIB ao longo do tempo

Esse tipo de análise ajuda a comparar o desempenho do país/estado/município. Cabe ressaltar que o PIB é um indicador-síntese de produção de bens e serviços, e não um indicador de riqueza, portanto a melhoria do desempenho do PIB ao longo do tempo indica que houve crescimento econômico. O PIB é um indicador de crescimento econômico, mas não necessariamente existe desenvolvimento econômico.

O PIB contribui para a compreensão da realidade econômica do país, porém não expressa importantes fatores, como distribuição de renda, qualidade de vida, educação e saúde. O conceito de desenvolvimento econômico abarca mais variáveis e indicadores em diferentes áreas, afetando a qualidade de vida da população. Por isso, um país tanto pode ter um PIB pequeno e apresentar um padrão de vida elevado quanto pode registrar um PIB alto e apresentar um padrão de vida relativamente baixo. A leitura que pode ser realizada sobre o PIB é a seguinte: quando há desempenho, isso significa que as empresas produzirão mais e, assim, terão de empregar mais, logo a tendência é que haja aumento da renda e, consequentemente, diminuição da pobreza; quando há crescimento do PIB, dizemos que há um processo de crescimento econômico; quando há retração do PIB, o processo ocorre de forma contrária, há um déficit econômico.

Comparação do PIB com o de outros países

Nesse tipo de análise, pode ser realizada a comparação do PIB entre países similares, da mesma região geográfica ou continente, para o acompanhamento de desempenho.

> **Para saber mais**
>
> No *site* do IBGE, é possível consultar o PIB de todos os países. Para isso, basta definir o país que você pretende estudar e selecionar o PIB como opção de busca. O *link* para consulta é: <https://paises.ibge.gov.br/#/mapa>. Acesso em: 25 jan. 2022.

Análise do PIB *per capita*

O PIB *per capita* corresponde a quanto cada habitante receberia se fosse igualitária a distribuição do PIB entre os habitantes de determinado país. Na prática, sabemos que essa divisão não ocorre, mas o indicador existe mesmo assim. O valor do PIB total também pode ser dividido pelo número de pessoas empregadas e de pessoas economicamente ativas.

> **Para saber mais**
>
> No Sistema IBGE de Recuperação Automática (Sidra), esses dados estão disponíveis na Tabela 6601. O *link* para consulta é: <https://sidra.ibge.gov.br/Tabela/6601>. Acesso em: 25 jan. 2022.

4.1.2 Como fazer análise do PIB na prática?

A análise da evolução do PIB (municipal, estadual ou do país) pode ser realizada por meio da comparação entre diferentes recortes temporais. Por exemplo:

» comparação do crescimento em termos de valores correntes entre dois ou mais anos;
» comparação com o ano anterior no mesmo período;
» comparação por trimestre no ano anterior e no ano corrente;
» comparação entre trimestres consecutivos.

Após a análise de comparação do desempenho (se aumentou ou caiu), é importante que se relacione algum fator ou um argumento que sustente a linha argumentativa para justificar o fenômeno observado. Vamos examinar alguns exemplos para esclarecer melhor essa questão.

Leia atentamente o trecho a seguir, referente ao relatório do PIB trimestral 2021 do IBGE:

> **O Produto Interno Bruto (PIB) cresceu 1,2% na comparação do primeiro trimestre de 2021 contra o quarto trimestre de 2020,** na série com ajuste sazonal. Houve taxas positivas na Agropecuária (5,7%), Indústria (0,7%) e Serviços (0,4%).
>
> Entre as atividades industriais, o avanço foi puxado pelas Indústrias Extrativas (3,2%). Também apresentaram taxas positivas a Construção (2,1%) e a Eletricidade e gás, água, esgoto, atividades de gestão de resíduos (0,9%). (Brasil, 2021, grifo nosso)

Observe que foi feita uma comparação do desempenho do PIB entre o primeiro e o quarto trimestres de 2020. A linha argumentativa no caso do relatório do IBGE não foi descrita porque a função do órgão é apenas apresentar os dados estatísticos.

Agora, observe o Gráfico 4.1: comparando-se o PIB de 2018 com o de 2017, em valores correntes, percebe-se um crescimento de 5,97%. Como vimos, o aumento do PIB indica apenas fluxo de mercadoria, ele não mede a riqueza do país. Nesse caso, o pesquisador pode buscar argumentos para indicar o crescimento econômico, bem como estudar políticas econômicas e monetárias utilizadas. Para montar a linha argumentativa, é necessário realizar a leitura de mais dados estatísticos. Na própria Tabela 6784 do Sidra, é possível cruzar outros dados, como: PIB no mesmo valor do ano anterior, PIB – variação em volume, PIB deflator, PIB *per capita* (em valores correntes e preços do ano anterior). Esses dados complementares ajudarão a tecer mais argumentos se forem condizentes com o objetivo da pesquisa.

Gráfico 4.1 – PIB – valores correntes – 1996-2018

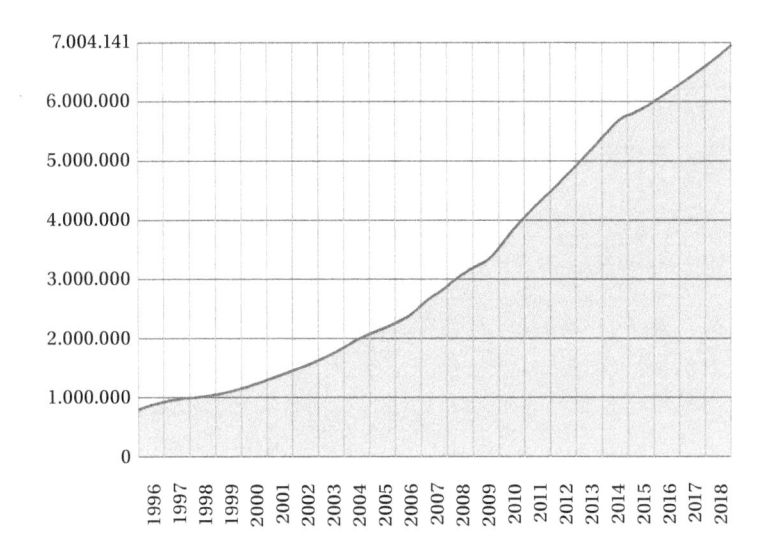

Ano	Valor
1996	~800.000
2018	7.004.141

Fonte: Sidra, 2022.

> **Para saber mais**
>
> A comparação do PIB de até cinco outros países pode ser realizada no *site* do IBGE, sendo possível gerar o gráfico de comparação. O *link* de acesso é: <https://paises.ibge.gov.br/#/mapa>. Acesso em: 26 jan. 2022.

A seguir, observe o Gráfico 4.2, que apresenta uma comparação do PIB de quatro países, de 2015 a 2019: Brasil, Canadá, Chile e Alemanha. Nesse gráfico, em especial, o valor do PIB foi calculado em dólar (como já vimos, o responsável por esse cálculo é o Bacen). É possível observar que a crise de 2018 afetou mais o PIB do Brasil em comparação com as economias escolhidas.

Gráfico 4.2 – PIB de diferentes economias de 2015 a 2019

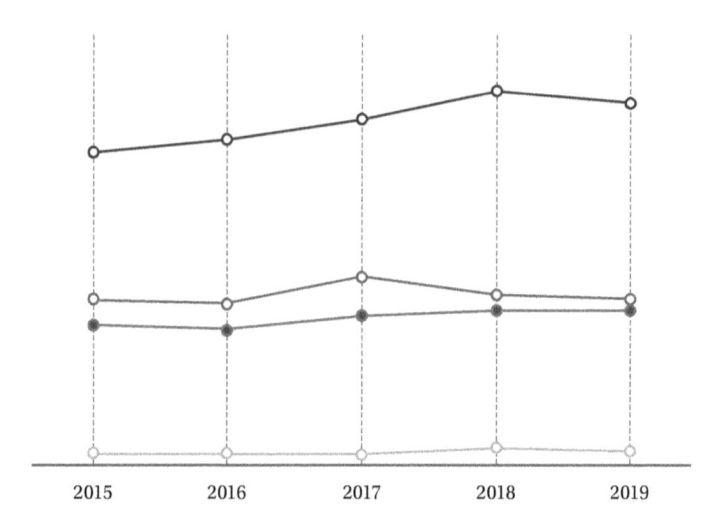

- Chile
- Canadá
- Brasil
- Alemanha

Fonte: IBGE, 2021.

4.2 Indicadores de preços

Agora, vamos iniciar o estudo dos indicadores macroeconômicos relacionados ao preço. Antes disso, é importante entender o que é inflação e por que o Brasil tem uma política de meta de inflação.

A inflação é o aumento persistente e generalizado de preços, que resulta em deterioração da moeda e do poder de compra do consumidor. Em resumo, a moeda passa por uma forte desvalorização, e os preços dos produtos sobem de uma forma geral. Na prática, é necessário muito dinheiro para comprar poucas coisas.

O brasileiro que viveu na década de 1980 (principalmente) e na década de 1990 passou por um trauma financeiro que tem consequências até hoje. Nessa época, o Brasil teve uma descontrolada e altíssima taxa de inflação. Por isso, o Bacen adotou a meta de inflação, com o objetivo de acompanhar a estabilidade da moeda.

Entre as principais causas de inflação, podemos citar:

» **Inflação de demanda**: a demanda por produtos e serviços é maior que a capacidade produtiva da economia. Esse tipo de inflação está relacionado ao excesso de moeda em circulação na economia. Basicamente, não há capacidade produtiva para lidar com aquela demanda, e as pessoas querem comprar aquele produto, então entra em cena a lei da oferta e da demanda, ou seja, há demanda pelo produto e também tendência de subir os preços. Ocorre, geralmente, quando há um excesso de dinheiro na economia.

» **Inflação de custos**: é uma inflação associada à oferta de produtos e tem relação com o aumento dos custos de produção, muitas vezes repassados para o consumidor. Por exemplo, quando há um aumento na cotação do dólar de uma economia indexada a ele, os insumos importados ficam mais caros; assim, aqueles que produzem repassam o preço para o consumidor. Em síntese, é o consumidor que paga por aquilo que ocorre na cadeia produtiva.

» **Inflação inercial**: é uma inflação ocasionada por especulação/expectativas, atreladas à inflação passada. Por exemplo, em países que têm uma inflação constante ocorre uma especulação no mercado financeiro que pode aumentar o preço (mesmo que ainda não tenha ocorrido) e acaba havendo aumento dos preços como se fosse uma profecia autorrealizável.

O cálculo da inflação é complexo porque há uma variação de preços em diversos produtos e em taxas variadas. Portanto, dentro da cadeia produtiva e de comercialização, essa tarefa torna-se muito difícil, por isso existem os índices/indicadores de preços elaborados pela FGV e pelo IBGE (IBGE, 2022f). O cálculo é efetuado por meio de uma média de variação dos preços pesquisados para diversos produtos, ponderada pela quantidade produzida e/ou comercializada, com base nos parâmetros primários obtidos das pesquisas de orçamento familiar e até de matrizes intersetoriais (IBGE, 1987, 2022f).

4.2.1 Indicadores para a medição da inflação

O Índice Nacional de Preços ao Consumidor Amplo (IPCA) é o índice balizador do regime de metas de inflação. O governo, por meio do Conselho Monetário Nacional (CMN), define qual é a meta para o IPCA[i], e a tarefa do Bacen (órgão condutor da política monetária no Brasil) é fazer com que a inflação fique dentro (ou próxima) da meta. O IPCA é calculado pelo IBGE.

Na prática, o IBGE mede e monitora o aumento dos preços de uma cesta de produtos e serviços comercializados no varejo para acompanhar o consumo das famílias. Esses produtos incluem as seguintes categorias: alimentação e bebidas, habitação, artigos de residência, vestuário, transportes, saúde e cuidados pessoais, despesas pessoais, educação e comunicação. Os índices, portanto, levam em conta não apenas a variação de preço de cada item, mas também o peso que ele tem no orçamento das famílias (IBGE, 2022f).

A pesquisa de preço é realizada **mensalmente** nas regiões metropolitanas de Porto Alegre, Rio de Janeiro, Belo Horizonte,

---

i. Acompanhe o IPCA mensalmente por meio do *link*: <https://sidra.ibge.gov.br/home/ipca>. Acesso em: 26 jan. 2022.

Recife, São Paulo, Belém, Fortaleza, Salvador, Curitiba e Vitória, além dos municípios de Goiânia e Campo Grande e do Distrito Federal. O público-alvo do IPCA é representado pelas famílias residentes em áreas urbanas com rendimento familiar monetário compreendido entre 1 e 40 salários mínimos mensais, quaisquer que sejam as fontes de rendimento (IBGE, 2022f).

Observe, no Gráfico 4.3, que até junho de 2021 a categoria *transportes* foi a que mais pesou no bolso do brasileiro. Nesse gráfico, também é possível perceber que na categoria *comunicação"* houve deflação, ou seja, ficou mais "barata" em relação ao mês anterior; porém, segundo a Tabela 4.1, o peso mensal dessa categoria é de 5,4% no bolso.

Tabela 4.1 – IPCA – Variação mensal, acumulada no ano e peso mensal, segundo o índice geral e os grupos de produtos e serviços – junho de 2021

Brasil – junho 2021			
Índice geral e grupos de produtos e serviços	Variação mensal (%)	Variação acumulada no ano (%)	Peso mensal (%)
Índice geral	0,53	3,77	100,0000
Alimentação e bebidas	0,43	2,72	20,9230
Habitação	1,10	3,26	15,5459
Artigos de residência	1,09	5,21	3,8362
Vestuário	1,21	3,24	4,2762
Transportes	0,41	8,19	20,7895
Saúde e cuidados pessoais	0,51	3,44	13,1053
Despesas pessoais	0,29	1,11	10,1417
Educação	0,05	2,23	5,8941
Comunicação	-0,12	-0,01	5,4881

Fonte: Sidra, 2022.

Gráfico 4.3 – Variação mensal e acumulada no ano do IPCA – junho de 2021

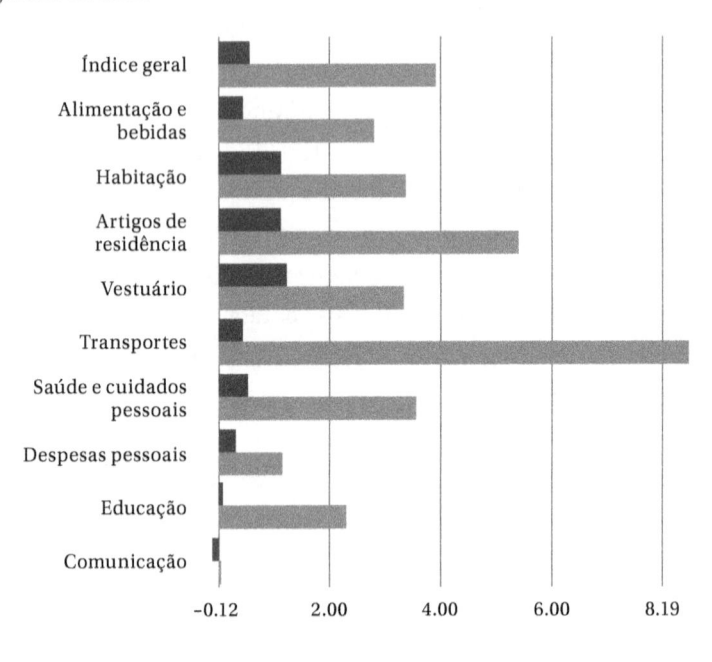

Categoria	Variação mensal	Variação acumulada no ano
Índice geral		4,00
Alimentação e bebidas		~2,80
Habitação		~3,50
Artigos de residência		~5,40
Vestuário		~3,50
Transportes	-0,12	8,19
Saúde e cuidados pessoais		~3,60
Despesas pessoais		~2,00
Educação		~2,20
Comunicação		

■ Variação mensal
■ Variação acumulada no ano

Fonte: Elaborado com base em Sidra, 2022.

Em junho de 2021, em Curitiba, a variação acumulada no ano, na categoria *transportes*, foi de 10,37%, com peso de 25,51%. Em Salvador, foi de 9,24%, com peso de 18,81% no mês de referência, ou seja, essa categoria pesou mais no bolso do habitante de Curitiba do que no bolso do habitante de Salvador. Com os dados do IPCA, é possível realizar diversas comparações e acompanhar a inflação em diferentes capitais e municípios selecionados.

Para saber mais

A consulta do índice de inflação pode ser realizada para todas as cidades onde é medido o IPCA. Acesse: <https://sidra.ibge.gov.br/pesquisa/snipc/ipca/quadros/brasil/marco-2022>.

Você também pode acessar a Calculadora do IPCA para conhecer a correção de determinado valor conforme a variação do IPCA entre duas datas. Disponível em: <https://www.ibge.gov.br/explica/inflacao.php>. Acesso em: 26 jan. 2022.

4.2.1.1 Índice Nacional de Preços ao Consumidor (INPC)

O Índice Nacional de Preços ao Consumidor (INPC) verifica a variação do custo de vida médio apenas de famílias com renda mensal de um a cinco salários mínimos. Esses grupos são mais sensíveis às variações de preços, pois tendem a gastar todo o seu rendimento em itens básicos, como alimentação, medicamentos e transporte. A Tabela 4.2 indica que o que mais pesou no bolso para esse público, em junho de 2021, foi a categoria *alimentação e bebidas*. É importante frisar que, como alimentação e bebida são itens essenciais, qualquer alteração de preço, para as famílias que recebem até cinco salários, é sentida de forma mais densa.

Tabela 4.2 - INPC - Variação mensal, acumulada no ano e peso mensal, segundo o índice geral e os grupos de produtos e serviços - junho de 2021

Brasil - junho 2021			
Índice geral e grupos de produtos e serviços	Variação mensal (%)	Variação acumulada no ano (%)	Peso mensal (%)
Índice geral	0,60	3,95	100,0000
Alimentação e bebidas	0,47	2,77	23,8566
Habitação	1,12	3,64	17,4221
Artigos de residência	1,15	5,61	4,6164
Vestuário	1,15	2,74	5,0025
Transportes	0,50	8,55	20,0278
Saúde e cuidados pessoais	0,51	3,35	11,3037
Despesas pessoais	0,34	1,59	7,6721
Educação	0,08	2,62	4,3002
Comunicação	-0,12	-0,06	5,7986

Fonte: Sidra, 2022.

O INPC tem por objetivo a correção do poder de compra dos salários, por meio da medição do consumo da população assalariada com mais baixo rendimento. Esse índice foi criado com o propósito de garantir uma cobertura populacional de 50% das famílias cuja pessoa de referência é assalariada e pertencente às áreas urbanas (IBGE, 2022f).

4.3 Estudos para a indústria

Antes de analisar os indicadores de produção industrial, veremos como se classificam as atividades vinculadas à indústria, para facilitar a leitura de seus dados estatísticos, que são densos e complexos.

A classificação das atividades econômicas é elaborada pelo IBGE, que a denomina Classificação Nacional das Atividades Econômicas (CNAE). "A CNAE 2.0 é derivada da versão 4 da International Standard Industrial Classification of All Economic Activities – ISIC 4 (Clasificación Internacional Uniforme de todas las Actividades Económicas – CIIU 4). O gestor da ISIC/CIIU é a Divisão de Estatísticas das Nações Unidas" (IBGE, 2022b). A Tabela 4.3 mostra a estrutura da classificação das atividades econômicas, que é bem próxima das classificações adotadas por outros países no mundo.

Tabela 4.3 – Classificação Nacional das Atividades Econômicas (CNAE)

Seção	Divisões	Descrição CNAE
A	01..03	Agricultura, pecuária, produção florestal, pesca e aquicultura
B	05..09	Indústrias extrativas
C	10..33	Indústrias de transformação
D	35..35	Eletricidade e gás
E	36..39	Água, esgoto, atividades de gestão de resíduos e descontaminação
F	41..43	Construção
G	45..47	Comércio, reparação de veículos automotores e motocicletas

(continua)

(Tabela 4.3 – conclusão)

Seção	Divisões	Descrição CNAE
H	49..53	Transporte, armazenagem e correio
I	55..56	Alojamento e alimentação
J	58..63	Informação e comunicação
K	64..66	Atividades financeiras, de seguros e serviços relacionados
L	68..68	Atividades imobiliárias
M	69..75	Atividades profissionais, científicas e técnicas
N	77..82	Atividades administrativas e serviços complementares
O	84..84	Administração pública, defesa e seguridade social
P	85..85	Educação
Q	86..88	Saúde humana e serviços sociais
R	90..93	Arte, cultura, esporte e recreação
S	94..96	Outras atividades de serviços
T	97..97	Serviços domésticos
U	99..99	Organismos internacionais e outras instituições extraterritoriais

Fonte: IBGE, 2022b.

Para saber mais

A classificação por tipo de atividade pode ser consultada no *site* do CNAE, disponível em: <http://www.cnae.ibge.gov.br/>. Acesso em: 26 jan. 2022.

É importante classificar corretamente o tipo de atividade porque, como os dados são comparáveis, é possível realizar comparações com outros países, outras regiões, o que leva o pesquisador a ter uma nova gama de oportunidades de pesquisa. Já pensou em pesquisar sobre a atividade alimentícia em diferentes municípios de seu estado? Ou ser capaz de avaliar qual o ramo industrial mais comum em países em desenvolvimento?

A correta classificação das atividades econômicas permite a realização de vários estudos comparativos, inclusive exploratórios, de diferentes regiões do Brasil. Depois de classificar corretamente a atividade, você poderá levantar os dados em outros bancos de dados, como o do Ministério do Trabalho e do Ipeadata, e analisar o desempenho econômico da atividade estudada.

4.3.1 Tipos de indústrias

Para iniciar os estudos econômicos com foco na economia industrial, é importante saber a classificação conceitual usada pelo CNAE para a atividade das indústrias extrativas. Segundo o IBGE, "Compreende as informações econômico-financeiras, de produção, bens e serviços consumidos, e emprego, entre outros aspectos, específicas das atividades das Indústrias extrativas, que pertencem à seção B da CNAE 2.0" (IBGE, 2022c, p. 19).

Essa categoria inclui a extração de minerais nos estados sólido, líquido e gasoso, como no caso das atividades de extração de gás natural, carvão mineral, extração e beneficiamento de xisto, petróleo, minério de ferro, estanho, manganês, metais preciosos, minerais radioativos, extração de pedra, areia, argila, extração e refino de sal marinho, entre outros.

A classificação da indústria de transformação inclui: fabricação de produtos alimentícios, bebidas, produtos de fumo, têxteis, vestuários e acessórios, artefatos de couro, fabricação de papel e celulose, fabricação e reprodução de gravações (incluindo som, vídeo e *software*), produtos químicos, farmacológicos, borracha e materiais plásticos, produtos de metal, equipamentos de informática, produtos eletrônicos e ópticos, fabricação de máquinas e equipamentos, fabricação de veículos automotores, fabricação de móveis, entre outros.

Os principais dados estatísticos para o estudo da indústria, tanto de transformação como extrativista, podem ser consultados no *site* da Pesquisa Industrial Anual – Empresa (PIA-Empresa), que identifica as estruturas básicas das indústrias.

> **Para saber mais**
>
> Os dados estatísticos da PIA estão disponíveis no *site* do IBGE, no *link*: <https://sidra.ibge.gov.br/pesquisa/pia-empresa/tabelas>. Acesso em: 26 jan. 2022.

Algumas das variáveis disponíveis na PIA são: número de empresas, pessoal ocupado em 31/12 (tanto ligado à produção quanto ao apoio indireto, seja em funções administrativas, seja na segurança, na limpeza, entre outras), custos e despesas, receita, valor de produção, de transformação industrial.

> **Para saber mais**
>
> Na Tabela 1839, no sistema Sidra, você pode realizar o cruzamento das variáveis. Disponível em: <https://sidra.ibge.gov.br/tabela/1839>. Acesso em: 26 jan. 2022.

Síntese

Neste capítulo, tratamos dos principais indicadores de nível de atividade e de preços. O PIB é um índice-síntese do fluxo de uma economia, sendo um indicador de geração de riqueza, e não de estoque de riqueza, como muitos entendem. As análises possíveis do PIB discutidas aqui foram: análise de evolução do PIB ao longo do tempo, comparação do PIB de outros países e análise do PIB *per capita*.

Os indicadores de preços estão relacionados diretamente à inflação, o que pode ocorrer de três formas: (i) inflação de demanda; (ii) inflação de custos; e (iii) inflação inercial. O principal indicador para a medição da inflação é o IPCA, que mede a variação dos preços e o peso de cada item no orçamento familiar. O INPC é um indicador mais sensível para medir a variação do preço em famílias com renda de até cinco salários mínimos.

Por fim, os estudos da indústria podem ser realizados por meio de pesquisas disponíveis no *site* do IBGE, como a PIA, que também tem indicadores econômicos e de desempenho das atividades industriais.

Indicações culturais

Filme

INDÚSTRIA americana. Direção: Steven Bognar e Julia Reichert. Estados Unidos, 2019. 115 min.

Esse documentário, ganhador do Oscar de 2020, retrata a crise americana e a saída de uma indústria automobilística de Ohio, assim como sua substituição por uma empresa chinesa.

Atividades de autoavaliação

1. Com relação ao PIB, analise as afirmativas a seguir.

    I. O PIB reflete a quantidade de bens e serviços gerados em determinado período.
    II. O PIB é um indicador econômico de riqueza de um país.
    III. O PIB é um indicador econômico incomparável.

    Agora, assinale a alternativa que indica a(s) afirmativa(s) correta(s):

    a) Apenas I.
    b) II e III.
    c) Apenas III.
    d) Nenhuma das afirmativas está correta.
    e) I, II e III.

2. Com relação ao IPCA, analise as afirmativas a seguir.

    I. Investimentos que são corrigidos pelo IPCA rendem e corrigem os investimentos acima da inflação.
    II. Não há uma ligação direta entre a inflação e o IPCA.
    III. O IPCA é o índice oficial para medir a inflação do país.
    IV. O IPCA é elaborado pelo IBGE.

    Agora, assinale a alternativa que indica a(s) afirmativa(s) correta(s)

    a) Apenas I.
    b) II e III.
    c) Apenas III.
    d) I, III e IV.
    e) Nenhuma das afirmativas está correta.

3. Sobre o PIB, assinale V para as afirmativas verdadeiras e F para as falsas.

( ) O PIB é considerado um indicador-síntese da economia de um país.
( ) O PIB reflete a riqueza gerada pelo país no tempo analisado.
( ) O PIB é considerado um indicador da atividade política de um país.
( ) O PIB corresponde à soma de todos os bens e serviços finais produzidos por determinada região.
( ) Quanto maior o PIB de um país, menor sua atividade econômica.

Agora, assinale a alternativa que corresponde à sequência obtida:

a) V, V, V, F, V.
b) V, V, F, V, V.
c) F, V, F, V, F.
d) F, F, F, V, V.
e) V, V, F, V, F.

4. Sobre o INPC, assinale V para as afirmativas verdadeiras e F para as falsas.

( ) O INPC tem como público-alvo famílias com rendimentos de um a cinco salários mínimos.
( ) O INPC é considerado um índice econômico mais sensível porque uma pequena variação no preço já compromete o orçamento familiar restrito.
( ) O INPC é um índice que mede a variação de preços da cesta de consumo e inclui valores de prestação de serviços, como internet.

( ) O INPC tem como público-alvo famílias com rendimentos de cinco a dez salários mínimos.

( ) O INPC tem como público-alvo famílias com rendimentos de três a sete salários mínimos.

Agora, assinale a alternativa que corresponde à sequência obtida:

a) V, V, V, F, F.
b) V, V, F, V, V.
c) F, V, F, V, F.
d) F, F, F, V, V.
e) V, V, F, V, F.

5. Sobre a classificação dos tipos de indústria, assinale V para as afirmativas verdadeiras e F para as falsas.

( ) Os equipamentos de informática e os produtos eletrônicos e ópticos são derivados da indústria de transformação.

( ) As extrações de areia, minério de ferro e gás natural são derivadas da indústria extrativista.

( ) A classificação das atividades econômicas é elaborada pelo IBGE, sendo denominada de *Classificação Nacional das Atividades Econômicas* (CNAE).

( ) Os equipamentos de informática, como DVD, *pen-drive* e celulares ópticos, são derivados da indústria de exploração tecnológica.

( ) A fabricação de produtos alimentícios, bebidas, produtos do fumo e produtos têxteis é derivada da indústria extrativista.

Agora, assinale a alternativa que corresponde à sequência obtida:

a) V, V, V, F, F.
b) V, V, F, V, V.
c) F, V, F, V, F.
d) F, F, F, V, V.
e) V, V, F, V, F.

Atividades de aprendizagem

Questões para reflexão

1. Você já estudou a importância da classificação correta das atividades econômicas. Em sua opinião, se você for contratado por uma empresa multinacional, é possível analisar qual é o desempenho dela, em todos os países em que atua, apenas com base nas informações da CNAE? Justifique sua resposta.

2. Se é consenso que a inflação não é boa para o bolso do consumidor, por que ela nunca parou de crescer?

Atividade aplicada: prática

1. Verifique qual é o município com o maior número de indústrias em sua região. Para isso, acesse o banco de dados do Ministério do Trabalho e Emprego (MTE) e pesquise o número de empresas industriais locais. Depois, compare-o com o de outras regiões.

5
Técnicas de pesquisa para estudos da cultura e da sociedade

Podemos afirmar que a geografia é uma ciência plural, pois tem diversos objetos de interesse referentes às relações entre sociedade e ambiente, voltados às análises dos aspectos físicos e humanos do planeta. Por *humanidade* os estudos da geografia entendem todas as esferas da vida individual e coletiva e suas interações com o espaço geográfico: psique, saúde, relações, comunidades, indivíduos, trabalho, língua, comunicação, transportes, comércio, indústria, desigualdades, movimentos sociais, ontologia, espaço urbano, espaço rural, política, economia, esportes, cultura, religião, crenças, povos tradicionais, violência, gênero, educação, ciência, tecnologia, direito, legislação, redes etc.

Na geografia, o ponto de partida humanista[i] pode ser reconhecido nos estudos da geografia cultural, da geografia da percepção e da geografia social, os quais adotam uma postura teórico-metodológica associada à fenomenologia[ii] (consulte o Capítulo 1). Os pesquisadores consideram que, para compreender e representar os fenômenos da cultura e da sociedade, faz-se necessário interpretar como os sujeitos vivem, percebem e representam o espaço vivido[iii] (lugar). É preciso, nesse sentido, criar técnicas qualitativas de pesquisa, para além das quantitativas, que

---

i. Geografia humanista/corrente humanista da geografia: veja a Seção 5.1 (Cultura e sociedade na análise espacial).

ii. Fenomenologia/postura fenomenológica: parte da premissa de que a essência dos fenômenos pode ser entendida pelos sentidos, ou seja, só é possível compreender a realidade a partir da percepção do sujeito (consciência), sendo a avaliação do sujeito intencional, e não dissociada do objeto. Trata-se de "uma abordagem que não se apega tão somente às coisas factuais observáveis, mas visa penetrar no seu significado e contexto. Esse método se utiliza do procedimento que leva a uma compreensão do fenômeno por meio de relatos descritivos da vida social" (Guedes, 2016).

iii. "O espaço vivido deve [...] ser compreendido como um espaço de vida, construído e representado pelos atores sociais que circulam neste espaço, mas também vivido pelo geógrafo que, para interpretar, precisa penetrar completamente este ambiente. Cada geógrafo deve possuir a 'sua' região, 'seu' espaço, e a proximidade física e afetiva são fundamentais nessa conduta" (Gomes, 2007, p. 319).

oportunizem a obtenção de informações e dados dos diferentes aspectos da vida humana.

A abordagem qualitativa na geografia auxilia nas investigações sobre os fatos subjetivos da vida humana: o modo como as pessoas se relacionam com o espaço, suas percepções e sentimentos, o papel do trabalho na transformação do espaço e as diferentes coletividades que se formam nos variados cenários. Tais espaços são concebidos pela geografia humanista como **lugar**: o lugar é o espaço vivido, o palco das atividades humanas.

Considera-se que a pesquisa qualitativa em geografia foi instrumentalizada sobretudo pelos estudos das correntes humanista, crítica e socioambiental. Tendo isso em vista, neste capítulo apresentaremos exemplos de técnicas advindas da geografia humanista, sendo igualmente possível realizar sua aplicação em estudos de outras matrizes teóricas, tal qual grande parte do conhecimento básico de técnicas compartilhado nesta obra.

Preste atenção!

Geografia crítica: surgiu com a intenção de criticar a geografia quantitativa, a partir dos anos 1970, como um movimento de renovação da geografia no que diz respeito à análise dos fenômenos e processos socioespaciais. Para essa corrente de pensamento, a descrição dos objetos espaciais não era, em si, capaz de expressar todos os processos existentes no espaço, sendo necessário realizar uma análise politizada que expressasse a materialidade das ações humanas e os diferentes contextos sociais, econômicos e políticos. Essa vertente foi fortemente influenciada pela dialética marxista, e seu método fundado no materialismo-histórico, em que a categoria de análise passa a ser, então, o espaço geográfico.

Geografia socioambiental: o fim da Segunda Guerra Mundial chamou a atenção do mundo para o poder de destruição das bombas atômicas. A intensificação dos testes nucleares e da instalação de usinas movidas a material radioativo fizeram crescer as preocupações com o futuro da humanidade. Livros como *The Limits of the Earth*, de Fairfield Osborn, lançado em 1953, e *Primavera silenciosa*, de Rachel Carson, lançado em 1962, chamavam a atenção para os problemas ambientais do planeta (crescimento populacional e contaminação química da água e do solo, respectivamente) (Cunha; Coelho, 2005). Nesse contexto, foram fixadas as bases para a geografia socioambiental. Com o alcance do método sistêmico nas ciências naturais e a influência da geografia crítica e da geografia humanista, muitos geógrafos físicos passaram a realizar pesquisas que considerassem os desdobramentos da atividade humana no ambiente, bem como a vulnerabilidade das populações mais desfavorecidas em face dos desastres ambientais e do avanço da sociedade do capital. A geografia socioambiental está interessada em compreender os conflitos das interações entre sociedade e natureza e em como mitigar seus impactos.

Lembre-se de que toda técnica de pesquisa é uma forma de operacionalizar os diferentes métodos, de criar bases confiáveis para testar hipóteses e de embasar os argumentos científicos. Na sequência, apresentaremos algumas das matrizes teórico-metodológicas que fundamentam as pesquisas qualitativas na geografia humanista, a elaboração de entrevistas e a criação de chaves de interpretação para a análise de conteúdo.

5.1 Cultura e sociedade na análise espacial

Por *geografia humanista* entendemos a diversidade de discussões com influência da fenomenologia, do pós-estruturalismo e seus desdobramentos[iv], que permearam as pesquisas na geografia acadêmica a partir da década de 1970. Podemos afirmar que o aumento dos conflitos ambientais, sociais e culturais – após a abertura democrática no Brasil[v] – chamou a atenção de muitos geógrafos, os quais passaram a desenvolver pesquisas vinculadas à corrente humanista da geografia.

No caso da geografia social, podem ser encontradas muitas investigações relacionadas a temas (objetos) como segregação espacial, desigualdade e identidade. Já os temas associados à geografia cultural são relacionados a aspectos simbólicos das paisagens,

---

iv. É importante esclarecer que, em termos filosóficos, os pensadores pós-estruturalistas se opõem ao humanismo e ao existencialismo, porém o pluralismo metodológico e o foco no sujeito ou em seu entorno/estrutura caracterizam o grupo de geógrafos que receberam essas influências. A ideia não é colocar as diferentes matrizes teóricas em um mesmo lugar, utilizando-nos da metáfora do conceito geográfico de lugar. A geografia humanista seria o lugar em que vivem as geografias plurais. Para saber mais sobre esse tema, leia o artigo "Teorias pós-críticas, política e currículo" (2013), de Alice Casimiro Lopes, disponível em: <https://www.fpce.up.pt/ciie/sites/default/files/02.AliceLopes.pdf>. Acesso em: 26 jan. 2022.

v. Tem como marco inicial o fim do Regime Militar e a promulgação da Constituição de 1988. Como explica Madrigal (2016), "a Constituição brasileira promulgada em 1988 acabou absorvendo grande parte das reivindicações do movimento de 'Participação Popular na Constituinte', institucionalizando várias formas de participação da sociedade na vida do Estado, sendo que a nova Carta Magna ficou conhecida como a 'Constituição Cidadã' pelo fato de, entre outros avanços, ter incluído em seu âmbito mecanismos de participação no processo decisório federal e local. Com referência à participação direta, à Constituição destaca o referendo, o plebiscito e a iniciativa popular". Para saber mais sobre esse tema, acesse o artigo "A Constituição Cidadã e a institucionalização dos espaços de participação social: avanços e desafios", de Enid Rocha (2008). Disponível em: <shorturl.at/BEGNW>. Acesso em: 26 jan. 2022.

das representações de espaço, música, dança, religiões, culturas, festas populares, literatura, esportes, cinema ou territorialidades.

As primeiras discussões da geografia humanista no Brasil ocorreram a partir da década de 1980, com destaque para o trabalho da geógrafa Lívia de Oliveira, responsável pela tradução das obras *Topofilia*, em 1980, e *Espaço e lugar*, em 1983, de Yi-Fu Tuan, consagradas para os estudos de percepção ambiental. As publicações de outros autores – Anne Buttimer, David Lowenthal, David Ley, Nicholas Entrikin e Edward Relph – também influenciaram toda uma geração de geógrafos.

A geografia humanista recebeu a influência de diversos pesquisadores das humanidades: linguística, antropologia, psicologia, sociologia e filosofia. Essas influências foram incorporadas ao modo de se fazer ciência pelos geógrafos da corrente humanista. O período de difusão do pensamento fenomenológico nas humanidades, bem como o interesse dos geógrafos pela cultura como objeto de estudo, ficou conhecido como *virada cultural na geografia*. Claval (2011, p. 13) sintetiza muito bem essa mudança na geografia:

> Nos anos oitenta, nós começamos a falar duma virada linguística na história e duma virada espacial nas ciências sociais. No meio dos anos noventa, os geógrafos começaram a falar da virada cultural na geografia.
>
> Existe evidentemente uma relação entre essas três viradas. A virada espacial nas ciências sociais testemunha o fim do privilégio do tempo na análise da vida social: os cientistas descobrem o papel da distância e da diversidade de lugares. A fronteira

entre as ciências sociais e a geografia torna-se menos significativa.

A virada linguística da história testemunha de uma atenção às formulações próprias a cada época, a cada lugar – a diversidade das culturas no tempo e no espaço. Para entender a realidade dum período, é importante analisar as suas culturas subalternas, essas das minorias, dos excluídos, dos grupos marginais.

Podemos reconhecer algumas das influências teóricas da virada cultural na geografia, que despertaram o interesse para o cotidiano, a língua, a percepção, as desigualdades sociais, a relação com ambiente e a cultura. Entre essas influências estão as obras de Jean Paul Sartre, Maurice Merleau-Ponty, Henri Lefebvre, Karl Marx, Friedrich Engels, Jean Baudrillard, Pierre Bourdieu, Agnes Heller, Claude Lefort, Jürgen Habermas, Michel Foucault, Mikhail Bakhtin, Gianni Vattimo, Gilles Deleuze e Félix Guattari (Souza, 2002).

Entre as décadas 1970 e 1980, os métodos qualitativos começaram a ser aplicados pelos geógrafos humanistas, cujo objeto de investigação passou a ser o indivíduo, o eu e a relação com o espaço vivido, o lugar. A escala de análise em geografia modifica-se em face da perspectiva dos geógrafos humanistas, pois "o cotidiano passa a ser visto como local por excelência, onde o pesquisador vai rever conceitos e métodos de abordagem, uma vez que as transformações do mundo contemporâneo não são mais satisfeitas com as teorias preexistentes" (Souza, 2002, p. 188), sendo necessárias novas técnicas de pesquisa para investigar os objetos da cultura e da sociedade, para estudar o cotidiano dos indivíduos e suas culturas.

Buscando-se atender aos pressupostos metodológicos da análise humanista na geografia, foram adotadas técnicas de investigação e observação dos indivíduos, suas espacialidades ou relações com o ambiente levando-se em conta a subjetividade do sujeito. Tornou-se uma postura desejada observar o indivíduo e seu contexto, evitando-se suposições ou juízos de valor; assim, o objeto é capaz de revelar suas nuances sem que haja uma interferência direta do pesquisador/observador. Entre os conceitos-chave da geografia mais utilizados pelos pesquisadores da geografia humanista estão os de lugar, região, paisagem, território e territorialidade, conforme vimos no Capítulo 1.

Dada a necessidade de se investigar os temas dos quadros social e cultural, podemos nos perguntar: Quais são as técnicas necessárias para compreender esses aspectos do espaço geográfico? Como seria possível a aplicação de um método qualitativo que considere os aspectos subjetivos dos indivíduos? Quais são as diferentes nuances da cultura?

Muitos pesquisadores levantaram esses questionamentos e, por meio da aplicação de algumas técnicas com indivíduos e nas comunidades estudadas – por exemplo, entrevistas, questionários, análise do discurso, mapas mentais, fotos e trabalhos de campo –, surgiram soluções para a realidade vivida pela sociedade na perspectiva do sujeito/indivíduo (lugar). O lugar, na qualidade de conceito nas pesquisas da geografia humanista, auxilia na compreensão da relação entre o sujeito e sua percepção do espaço; o lugar é o espaço cujo elo afetivo com o sujeito o faz existir, ou seja, só existe o lugar quando existe uma relação afetiva (positiva ou negativa) com o espaço.

5.2 Investigação sociocultural

Entre os diferentes cenários possíveis para o desenvolvimento de investigações que envolvam a cultura e a sociedade, buscamos realizar uma sistematização dos tipos de pesquisa, com o objetivo de apresentar as técnicas que podem ser aplicadas em cada um deles. Para isso, descreveremos as etapas da pesquisa indireta e da pesquisa direta e a aplicação da técnica da entrevista aos estudos da cultura e da sociedade.

5.2.1 Pesquisa indireta e pesquisa direta

Em um primeiro momento da investigação, o pesquisador realiza uma etapa de **pesquisa indireta**, que envolve a escolha do tema e o levantamento documental sobre o objeto de estudo, munindo-se de fontes de arquivos públicos e particulares, fontes estatísticas e conhecimentos relativos ao estado da arte do tema, sem necessariamente entrar em contato com a comunidade ou com o indivíduo investigado. Essa etapa constitui o levantamento de fontes para a pesquisa documental (fontes primárias) ou bibliográfica (fontes secundárias). Toda pesquisa necessita de um *background* científico para ser encaminhada, por isso a importância da escolha das fontes.

Ao buscar as fontes, o pesquisador se apropria dos contextos histórico, social, político-econômico e cultural do fenômeno ou sujeito observado, assim como da origem e do contexto das fontes consultadas; só depois ele realiza as conexões, razão pela qual, em uma pesquisa qualitativa, um bom aprofundamento entre poucas fontes é mais interessante que a quantidade de fontes consultadas.

Assim, é importante verificar o estado da arte da pesquisa (como já mostrado no Capítulo 1), ao escolher o objeto de estudo e realizar um levantamento prévio das pesquisas existentes sobre o mesmo tema, por meio de uma varredura em plataformas de divulgação científica confiáveis, por exemplo.

Elencamos alguns periódicos científicos avaliados pelo sistema Qualis, mantido pela Coordenação de Aperfeiçoamento de Pessoal de Nível Superior (Capes), vinculada ao Ministério da Educação (MEC), no anexo desta obra. Busque mais informações sobre essas publicações, pois ler os artigos publicados em periódicos científicos qualificados auxilia na ampliação do conhecimento do pesquisador e pode oferecer importantes *insights*[vi] nessa etapa da pesquisa[vii].

Para saber mais

"O sistema Periódicos Qualis Capes afere a qualidade dos artigos e de outros tipos de produção a partir da análise da qualidade dos veículos de divulgação, ou seja, dos periódicos científicos. [...] A atualização da lista de Periódicos do Qualis ocorre anualmente e enquadra os títulos das revistas em estratos indicativos de qualidade: A1, o mais elevado; A2; A3, A4, B1, B2, etc." (Aguia, 2022).

Após a etapa de levantamento das fontes para a estruturação do projeto, é necessário definir objetivos claros sobre o que se

---

vi. *Insight*: termo em inglês que significa "compreensão repentina de um problema, ocasionada por uma percepção mental clara e, geralmente, intuitiva dos elementos que levam à sua resolução" (Insight, 2022).

vii. O portal da Universidade Federal do Espírito Santo (UFES), na seção dedicada ao setor de pesquisa e extensão, oferece uma lista de *links* para revistas científicas da geografia nacional. Disponível em: <http://www.geografia.ufes.br/pt-br/revistas-geogr%C3%A1ficas-online>. Acesso em: 26 jan. 2022.

pretende pesquisar, pois, se, de um lado, o acesso à informação nos trouxe o privilégio da diversidade de conhecimentos, de outro, o pesquisador deve manter a atenção para não se perder na rede de informações disponíveis.

A partir desse ponto, tem início a etapa conhecida como **pesquisa direta**, que envolve a observação direta do objeto de estudo, por meio, por exemplo, de trabalhos de campo, investigação ação participativa (IAP) e pesquisa de laboratório. Vamos detalhar essas etapas a seguir.

a. **Trabalho de campo ou pesquisa de campo**: "é aquele(a) utilizado(a) com o objetivo de conseguir informações e/ou conhecimentos acerca de um problema para o qual se procura uma resposta, ou de uma hipótese que se queira comprovar, ou, ainda, descobrir novos fenômenos, assim como as relações entre eles" (Lakatos; Marconi, 2015, p. 69).

b. **Investigação ação participativa (IAP)**: "considera-se o sujeito da investigação com capacidade de ação e poder transformador [...] Para a IAP, a importância do conhecimento é a condição de ele poder orientar e transformar o grupo, a comunidade ou a organização, melhorando a qualidade de vida de seus integrantes" (Lakatos; Marconi, 2015, p. 73).

c. **Pesquisa de laboratório**: "as experiências são efetuadas em recintos fechados (casa, laboratórios, salas) ou ao ar livre; em ambientes artificiais ou reais, de acordo com o campo da ciência que está realizando-as, e se restringem a determinadas manipulações" (Lakatos; Marconi, 2015, p. 75).

Entre as possibilidades apresentadas, cabe ao pesquisador realizar uma análise cuidadosa com vistas a selecionar as melhores técnicas a serem aplicadas, de maneira simplificada. Podemos exemplificar a utilização dessas técnicas da seguinte forma: um geógrafo, ao estudar uma determinada comunidade rural e os impactos do manejo e da cultura nos solos, pode utilizar os três tipos de pesquisa apresentados – o trabalho de campo, para extrair amostras de solo e reconhecer a área; a ação participativa, no contato com a comunidade, ajudando os produtores a melhorar o manejo do solo; e a pesquisa de laboratório, para a análise mineralógica das amostras de solo coletadas.

5.2.2 Entrevistas

Partindo-se da premissa de que o pesquisador já realizou as etapas anteriores das pesquisas indireta e direta e criou uma estratégia para verificar quais são os melhores métodos quantitativos e/ou qualitativos para chegar à resposta desejada sobre seu tema, a entrevista pode ser uma técnica de pesquisa bastante promissora em diversos estudos da cultura e da sociedade; entretanto, para isso, os pesquisadores empreendem um bom tempo para construí-la e para averiguar se essa ferramenta poderá ou não ser aplicada e se terá ou não eficiência na extração dos dados.

Um primeiro passo da pesquisa com seres humanos (na área médica, na educação ou na geografia) ou em qualquer contato direto que exponha o indivíduo ou utilize dados oferecidos por ele é sua submissão a um comitê de ética[viii]. Esses comitês recebem os projetos e avaliam se podem ou não ser aplicados. Para

---

[viii.] "O sistema CEP-CONEP foi instituído em 1996 para proceder a análise ética de projetos de pesquisa envolvendo seres humanos no Brasil. Este processo é baseado em uma série de resoluções e normativas deliberados pelo Conselho Nacional de Saúde (CNS), órgão vinculado ao Ministério da Saúde. O atual sistema possui como fundamentos o controle social, exercido pela ligação com o CNS, capilaridade, na qual mais de 98% das análises e decisões ocorrem a nível local pelo trabalho dos Comitês de Ética em Pesquisa (CEP) e o foco na segurança, proteção e garantia dos direitos dos participantes de pesquisa. A maioria dos processos relacionados à análise ética ocorre em ambiente eletrônico por meio da ferramenta eletrônica chamada Plataforma Brasil" (PUC Goiás, 2022).

entrevistas, isso também é válido, ou seja, se você pretende realizar uma pesquisa que envolva entrevistas e publicá-la, verifique a necessidade de cadastrar seu projeto na Plataforma Brasil, para obter a aprovação do formulário de entrevistas.

De forma geral, podemos afirmar que as entrevistas são um encontro entre duas pessoas, face a face, com o objetivo de o pesquisador ou entrevistador obter informações sobre o tema investigado. Essa técnica é bastante empregada no campo social, auxiliando o pesquisador em uma coleta de dados que possibilite a leitura do quadro sociocultural, com a finalidade de propor soluções para determinado problema. A entrevista é um importante instrumento de trabalho de vários campos das ciências sociais e pode revelar informações importantes sobre as relações existentes entre os indivíduos e o lugar. A seguir, vejamos os aspectos a serem considerados quando se opta pela realização de uma entrevista.

Objetivo da entrevista

O primeiro item a ser verificado para dar início à elaboração da entrevista é a delimitação de seu objetivo. Podemos elencar, de acordo com Lakatos e Marconi (2015), alguns tipos de objetivo, como: averiguar ou confirmar fatos; verificar se as pessoas confirmam determinada informação; investigar opiniões sobre os fatos; identificar o que as pessoas pensam sobre determinado fato; definir os anseios e sentimentos sobre determinado tema; descobrir planos de ação e a melhor conduta em relação a um problema; observar a conduta atual ou do passado; analisar um comportamento futuro, pautado nas ações do presente ou do passado; investigar motivos conscientes para opiniões, sentimentos, sistemas ou condutas.

Tipos de entrevista

Para alcançar resultados mais expressivos em relação a um tema, é preciso determinar se a entrevista requer dados mais quantitativos ou qualitativos ou se requer perguntas objetivas ou abertas. A seguir, apresentamos os tipos de entrevista existentes.

» **Estruturada ou padronizada**: é a entrevista roteirizada, com perguntas objetivas, em que o pesquisador pode comparar as respostas de todos os entrevistados de forma a estabelecer um padrão. Exemplo: gênero, idade, localização, sim e não, múltipla escolha.
» **Não estruturada ou despadronizada**: nessa entrevista, o entrevistador elege o tema, e o entrevistado tem a liberdade de responder de acordo com o direcionamento que julgar adequado. Exemplo: pesquisas de opinião jornalística, relatos de vida, narrativas.
» **Semiestruturada**: mescla as pesquisas estruturada e não estruturada.

Preparação da entrevista

É a etapa que exige mais atenção, pois vai nortear os resultados da pesquisa como um todo. O pesquisador deve ter clareza das informações que deseja conseguir, podendo adotar a seguinte estratégia para a preparação da entrevista: realizar um planejamento de acordo com seus objetivos; buscar conhecer previamente o entrevistado e o tema de pesquisa; marcar local, dia e horário com antecedência para o encontro com o entrevistado; garantir ao entrevistado a responsabilidade pelo sigilo de sua identidade e pela integridade das respostas; envolver-se na comunidade e dialogar com as lideranças do grupo pesquisado; conhecer o local em que será realizada a entrevista; verificar materiais de apoio necessários, como câmera, gravador, celular, papel, *tablet*, *smartphone*, bateria, carregadores; elaborar um roteiro com as questões e informações necessárias; pedir a assinatura de autorização de uso de imagem e voz, quando necessário; solicitar a assinatura do termo de consentimento da entrevista, que deverá ser verificado com o comitê de ética de sua instituição de ensino e pesquisa.

Diretrizes da entrevista

Para a elaboração da entrevista e com o objetivo de coletar informações válidas, o pesquisador poderá seguir os cinco passos descritos:

1. Entrar em contato com a comunidade ou indivíduo que será entrevistado para explicar os objetivos científicos da pesquisa e pedir sua colaboração, verificando, nesse caso, até que ponto o entrevistado deseja contribuir com o tema.
2. Formular as questões de acordo com o tipo de entrevista (estruturada, não estruturada ou semiestruturada).
3. Seguir as etapas de preparação da entrevista e registrar adequadamente as respostas.
4. Após o término da entrevista, solicitar ao entrevistado seu consentimento para que se faça uso das informações fornecidas.
5. Realizar a validação e a análise das entrevistas, fazendo uma parametrização com os dados coletados na etapa de pesquisa indireta.

Apresentação e interpretação das respostas

Após a realização da entrevista, é possível optar por algumas técnicas de análise e extração de dados. Para as entrevistas estruturadas, são comumente utilizadas técnicas estatísticas que vão demonstrar padrões de respostas de forma quantitativa; depois, cabe ao pesquisador realizar uma análise desses padrões ou dados. Nas entrevistas não estruturadas no campo cultural e social, podem ser utilizadas técnicas de análise de conteúdo, uma vez que as respostas são abertas, sendo possível realizar uma análise textual dos elementos presentes em seu conteúdo.

Síntese

As técnicas de pesquisa no campo cultural e social são ferramentas que propiciam a aquisição de informações capazes de trazer ao pesquisador novas perspectivas com base no estudo de comunidades ou indivíduos. Isso significa que as pesquisas qualitativas podem revelar diferentes dimensões da realidade pesquisada.

No presente capítulo, apresentamos alguns elementos para que você possa compreender o panorama das pesquisas no campo cultural e social da geografia por meio de técnicas qualitativas. Para isso, iniciamos com a abordagem das investigações na geografia humanista; depois, realizamos uma sistematização das pesquisas indireta e direta, das etapas para a realização de uma entrevista e da análise de conteúdo como ferramenta qualitativa de pesquisa.

Indicações culturais

Filmes

WAKING Life. Direção: Richard Linklater. Produção: Tommy Pallotta, Jonah Smith, Anne Walker-McBay e Palmer West. Estados Unidos: Fox Home Entertainment, 2001. 101 min.

O filme retrata a narrativa do inconsciente de um jovem que acorda dentro de um sonho. Como estratégia para a construção dessa obra, foram realizadas animações em flash *com base nas filmagens, para que se pudesse representar o espaço do inconsciente. Durante os diálogos, são exploradas questões existenciais sobre consciência, religião e filosofia.*

NA NATUREZA selvagem. Direção: Sean Penn. Produção: Sean Penn, Art Linson e Bill Pohlad. Estados Unidos: 2007. 148 min.

Baseado em uma história real, o filme retrata as viagens do jovem Christopher McCandless pela América do Norte e pelo Alasca, no início dos anos 1990. O personagem principal abandona o conforto que tinha com a família e parte em busca de sentido para a vida além das possibilidades do capitalismo. O filme apresenta questionamentos sobre existência, sociedade, liberdade e felicidade.

Atividades de autoavaliação

1. Sobre a abordagem qualitativa utilizada na geografia, é correto afirmar:

    I. Auxilia nas investigações sobre fatos objetivos, sem colaborar com as investigações subjetivas, porque não traz dados passíveis de leitura.
    II. O relacionamento das pessoas com o espaço, considerando-se suas emoções e sentimentos, e as transformações do espaço são enfoques possíveis nesse tipo de abordagem.
    III. É muito útil em estudos geográficos em que o lugar é concebido como espaço vivido, palco das atividades humanas.

Agora, assinale a alternativa que indica a(s) afirmativa(s) correta(s):

a) I e II.
b) I e III.
c) Apenas I.
d) Apenas II.
e) Apenas III.

2. O trabalho da geógrafa Lívia de Oliveira, que traduziu as obras *Topoflia* e *Espaço e lugar,* de Yi-Fu Tuan, foi fundamental para a geografia. Assinale a opção correta sobre os outros autores que influenciaram a geografia cultural:

a) Anne Buttimer e David Lowenthal.
b) Denise Pumain e David Ley.
c) Nicholas Entrikin e Edward Relph.
d) Christofoletti e Tucci.
e) Nenhuma das alternativas anteriores está correta.

3. Quais foram as influências recebidas na geografia humanista?

I. Linguística, antropologia, psicologia.
II. Sociologia e física-matemática.
III. Psicologia e filosofia.

Agora, assinale a alternativa que indica a(s) opção(ões) correta(s):

a) Apenas I.
b) Apenas II.
c) Apenas III.
d) I e III.
e) Nenhuma das alternativas está correta.

4. Selecione a alternativa correta em relação às pesquisas direta e indireta:

   a) A pesquisa indireta envolve o levantamento documental sobre o objeto de estudo, em arquivos particulares. As fontes estatísticas são exclusivas para a pesquisa indireta.
   b) A pesquisa direta utiliza fontes estatísticas, bibliográficas e entrevistas estruturadas, documentais e outras fontes.
   c) As pesquisas direta e indireta não têm diferenciação, pois ambas têm um objetivo único em comum.
   d) Nas pesquisas direta e indireta, o contexto histórico e social não interfere em seu fomento, porque o objetivo é definido pelo pesquisador.
   e) As pesquisas direta e indireta apropriam-se do contexto histórico, social, político-econômico e cultural do fenômeno.

5. Sobre a entrevista, analise as afirmativas a seguir.

   I. A entrevista serve para a averiguação de fatos ou sua confirmação; a verificação de determinada informação; a averiguação das opiniões sobre os fatos, bem como sobre o que as pessoas pensam em relação a determinado fato.
   II. As entrevistas podem ser estruturadas ou padronizadas, não estruturadas, despadronizadas ou semiestruturadas.
   III. A etapa da preparação exige um planejamento de acordo com os objetivos da pesquisa, um conhecimento prévio do entrevistado e do tema de pesquisa, bem como a garantia da responsabilidade pelo sigilo de sua identidade e da integridade das respostas.

Agora, assinale a alternativa que indica a(s) afirmativa(s) correta(s):

a) Apenas I.
b) Apenas II.
c) Apenas III.
d) Nenhuma das opções está correta.
e) I, II e III.

Atividades de aprendizagem

Questões para reflexão

1. Neste capítulo, você estudou sobre a geografia humanista, a qual busca compreender o espaço geográfico levando em consideração o indivíduo, suas representações e percepções. Considere o lugar onde você mora, os aspectos da paisagem com os quais você tem afinidade e os aspectos que lhe causam incômodo. Entre estes últimos, quais poderiam ser resolvidos por meio de políticas públicas? E quais a própria comunidade poderia solucionar?

2. As entrevistas são ferramentas práticas para o desenvolvimento da pesquisa. Neste capítulo, vimos as etapas e as diretrizes para a elaboração de uma entrevista, porém a escolha das perguntas depende do objetivo da pesquisa. Para uma entrevista sobre as condições sociais de seu município, qual procedimento você utilizaria para o desenvolvimento da pesquisa?

Atividade aplicada: prática

1. Uma das etapas da formulação de entrevistas consiste no momento anterior à aplicação. É preciso testar a entrevista com algumas pessoas informalmente, antes de realizá-la de fato. Assim, é possível averiguar de antemão se há a necessidade de fazer alguma alteração para refinar a pesquisa. Pautado(a) nessa informação, realize uma pesquisa informal em sua comunidade (com familiares e amigos) para testar o uso da entrevista como técnica de pesquisa. Para isso, siga estes passos:

   a) Tema: escolha um tema que relacione os entrevistados com o lugar em que vivem, referente a uma prática cultural, religiosa ou social.

   b) Objetivo: considerando-se o tema escolhido, trace o objetivo que você deseja alcançar com a aplicação das entrevistas.

   c) Realize uma pesquisa indireta, para colher informações sobre o tema.

   d) Entrevista semiestruturada: elabore um formulário com perguntas diretas e objetivas e com perguntas abertas, tendo em vista o perfil dos entrevistados e a quantidade de participantes que será necessária para se atingir o objetivo. O que é preciso perguntar para que seja alcançado o objetivo? Aplique a entrevista formulada seguindo as diretrizes apresentadas neste capítulo.

   e) Organização dos dados: após o término das entrevistas, organize os dados e realize comparações entre as respostas; elabore tabelas e gráficos para facilitar a visualização dos resultados e construa um texto com suas análises, identificando o que poderia ser aperfeiçoado na entrevista.

6
Técnicas de pesquisa para estudos ambientais

No contexto dos paradigmas da sociedade contemporânea, a questão ambiental tem grande destaque. Desde a década de 1970, somos alertados pela comunidade científica em relação às nossas condições de vida e à necessidade de um ambiente ecologicamente equilibrado. A expansão da sociedade do capital nas diferentes paisagens e o interesse humano em conhecer a dinâmica da natureza terrestre levaram inúmeros geógrafos a dedicar suas pesquisas à compreensão das relações entre sociedade e natureza com base na vertente teórica da geografia física.

Entre as possibilidades de investigação científica acerca do meio ambiente, as disciplinas de geografia física têm uma trajetória consolidada. Por convenção, os ramos disciplinares da geografia dedicados ao estudo do meio físico são: biogeografia, climatologia, geomorfologia, hidrogeografia e pedologia. Eles estão pautados na concepção de que cada compartimento da paisagem (biota, clima, relevo, hidrografia e solo, respectivamente) está intrinsecamente relacionado ao seu ambiente, estando, portanto, diretamente ligado aos demais compartimentos.

Os geógrafos físicos buscam compreender os processos sistêmicos do meio físico para conhecer a dinâmica das paisagens[i]. Cada uma das disciplinas dá um tratamento metodológico diferenciado ao seu objeto de estudo, sendo necessário um aprofundamento teórico para empreender uma pesquisa científica nessas áreas. Por isso, neste capítulo, abordaremos alguns elementos para você conhecer um pouco mais sobre a geografia física e a análise ambiental, assim como algumas técnicas comuns aos estudos do meio físico.

---

i. Podemos considerar que a paisagem é o conceito aglutinador dos diferentes compartimentos do meio físico e das dinâmicas entre natureza e sociedade. A paisagem representa a síntese das interações entre os elementos estudados.

Organizamos o capítulo considerando os estudos da geografia física aplicada aos campos acadêmico e ambiental. Apresentaremos uma breve contextualização da geografia física e da análise ambiental para que você conheça um panorama da organização desse ramo do conhecimento e seguiremos para o tratamento sistêmico dos diferentes componentes do meio físico e sua interação com os aspectos de uso e ocupação da terra. Para tanto, discorreremos sobre alguns estudos ambientais e sobre como a aplicação de técnicas e metodologias voltadas à questão ambiental.

6.1 Roteiro de estudos e panorama da geografia física

Os estudos do meio físico na geografia são realizados com base na observação de diferentes objetos nele presentes. O meio físico representa o conjunto dos fatores bióticos, abióticos e antrópicos, bem como a interação destes com o ambiente e a sociedade. Cada objeto do meio físico analisado pelos geógrafos tem o próprio aporte teórico e metodológico, assim como as técnicas adequadas para se desenvolver uma pesquisa, analisar e compreender as diferentes estruturas da paisagem. Entre as diversas abordagens da ciência geográfica, encontramos as pesquisas de base e as pesquisas aplicadas em cada uma das diferentes disciplinas. Os estudos ambientais são considerados pertencentes às pesquisas aplicadas.

No Capítulo 1, apresentamos algumas informações sobre as bases teóricas para o desenvolvimento do método sistêmico, da teoria geral dos sistemas e do geossistema. Agora, vamos abordar algumas técnicas básicas utilizadas nas pesquisas em geografia física.

Podemos considerar o planeta Terra como um grande sistema, no qual há interação entre vários componentes, conectados por fluxos de matéria e energia que unificam o conjunto. Um sistema apresenta uma entrada de energia (*input*), um processamento dos fluxos de matéria e energia e uma saída de matéria e energia; esse fluxo pode permanecer no sistema por meio de retroalimentação (sistema fechado) ou pode sair dele (sistema aberto). Ainda, o fluxo de matéria e energia pode ficar contido (sistema isolado).

Figura 6.1 - Geografia física

Geografia física

Palavras-chave: sistemas e processos naturais; caracterização do meio físico; espaço natural; paisagem; perspectiva espacial; processos antropogênicos (gerados pelos seres humanos); impactos socioambientais; mudanças ambientais; sistemas interconectados; abordagem científica.

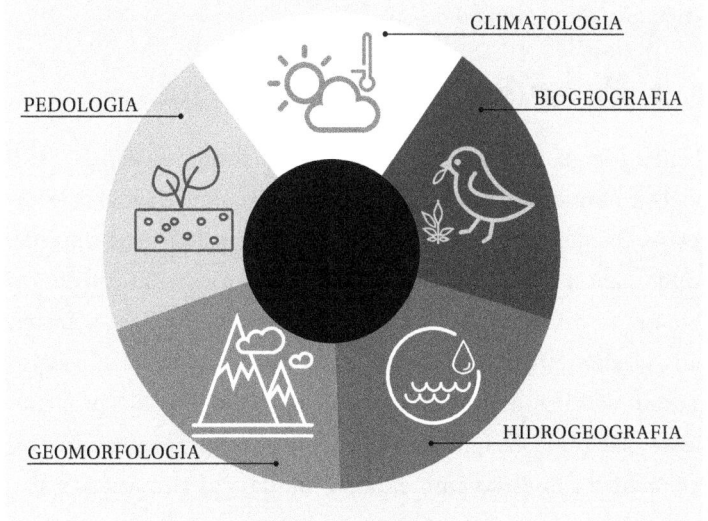

CLIMATOLOGIA
BIOGEOGRAFIA
HIDROGEOGRAFIA
GEOMORFOLOGIA
PEDOLOGIA

Colorlife/Shutterstock

Na atualidade, uma das possibilidades de aplicação em geografia física diz respeito às pesquisas ambientais. Compreendemos que a complexidade dos sistemas espaciais exige estudos aprofundados, os quais podem ser realizados utilizando-se as informações disponíveis sobre os processos do meio físico e suas interações com a sociedade. Quando tomamos a dinâmica socioambiental como objeto de estudo, podemos observar os fenômenos considerando os processos naturais e as interferências humanas na dinâmica natural do planeta.

Dessa forma, introduziremos algumas temáticas socioambientais de interesse das diferentes disciplinas da geografia física, bem como recomendaremos algumas leituras de base para cada uma delas. É importante ressaltar que, para uma boa pesquisa aplicada, é imprescindível que o pesquisador conheça com profundidade a teoria e os métodos próprios das disciplinas da geografia, ou seja, a ciência básica, que alicerça todo o conhecimento científico que será aplicado.

6.1.1 Pesquisa em climatologia

A climatologia é a disciplina da geografia responsável pelo estudo da dinâmica atmosférica e das interações com a superfície terrestre. O conhecimento da dinâmica da atmosfera terrestre é de fundamental importância para se conhecer a distribuição das diferentes formas de vida, da sociedade e de suas atividades. Assim, para iniciar uma pesquisa em climatologia geográfica, o pesquisador precisa conhecer uma série de teorias e métodos próprios dessa disciplina, os quais poderão contribuir para os estudos relacionados à questão ambiental, às mudanças climáticas e aos seus reflexos na natureza e na sociedade.

Para saber mais

AYOADE, J. O. **Introdução à climatologia para os trópicos**. Tradução de Maria Juraci Zani dos Santos. 5. ed. Rio de Janeiro: Bertrand Brasil, 1998.

CONTI, J. B.; FURLAN, S. A.; SCARLATO, F. **Clima e meio ambiente**. 5. ed. São Paulo: Atual, 1998.

MENDONÇA, F. **Climatologia**: noções básicas e climas do Brasil. São Paulo: Oficina de textos, 2007.

MONTEIRO, C. A. de F. Da necessidade de um caráter genético à classificação climática (algumas considerações metodológicas a propósito do estudo do Brasil Meridional). **Revista Geográfica**, Rio de Janeiro, v. 31, n. 57, p. 29-44, 1962.

STRAHLER, A. **Geologia física**. Barcelona: Omega, 1987.

6.I.2 Pesquisa em geomorfologia

A geomorfologia é a disciplina da geografia cujo objeto é o relevo, desde sua gênese até a evolução dos diferentes compartimentos geomorfológicos. Para estudá-la, o geógrafo precisa executar algumas atividades, como descrição, localização e dimensionamento dos compartimentos e fisionomias do relevo. Assim, ao considerar a geomorfologia um ramo da ciência geográfica que busca compreender como o relevo evoluiu ao longo do tempo, é necessário pensar em diversas combinações: físicas, físico-biológicas e humanas, considerando-se conhecimentos de climatologia, geologia, paleogeografia, fitogeografia, pedologia e hidrografia. Os estudos de geomorfologia podem ser realizados com variadas finalidades, como planejamento territorial, gestão ambiental, estudos de risco e vulnerabilidade e mapeamentos geomorfológicos.

Para saber mais

AB'SABER, A. N. Um conceito de geomorfologia a serviço das pesquisas sobre o quaternário. **Geomorfologia**, São Paulo, n. 18, p. 1-23, 1969.

CHRISTOFOLETTI, A. **Geomorfologia**. 2. ed. São Paulo: Edgard Blücher, 1980.

FLORENZANO, T. G. **Geomorfologia**: conceitos e tecnologias atuais. São Paulo: Oficina de Textos, 2008.

IBGE – Instituto Brasileiro de Geografia e Estatística. **Manual técnico de geomorfologia**. Rio de Janeiro, 1995. (Manuais Técnicos em Geociências, n. 5). Disponível em: <https://biblioteca.ibge.gov.br/visualizacao/livros/liv66620.pdf>. Acesso em: 1º fev. 2022.

JATOBÁ, L. **Noções básicas de geomorfologia**. Recife: [s.n.], 2006. Disponível em: <http://www.educadores.diaadia.pr.gov.br/arquivos/File/2010/artigos_teses/GEOGRAFIA/Monografias/geomorfologia.pdf>. Acesso em: 1º fev. 2022.

TEIXEIRA, W. et al. (Org.). **Decifrando a Terra**. São Paulo: Oficina de Textos, 2000.

WICANDER. R.; MONROE, J. S.; PETERS, K. **Fundamentos de geologia**. São Paulo: Cengage Learning, 2009.

6.1.3 Pesquisa em biogeografia e ecologia da paisagem

As pesquisas em biogeografia têm sido amplamente utilizadas nos estudos ambientais, principalmente por seu caráter aglutinador de informações para a compreensão da distribuição dos organismos vivos sobre a superfície terrestre e o entendimento da paisagem. Considerando-se sua natureza híbrida (biológica e geográfica), esse ramo da geografia física é desenvolvido por biólogos e geógrafos, entretanto a abordagem científica e os objetos de pesquisa são diferentes: na geografia, os estudos biogeográficos consideram o caráter fisionômico e estrutural das paisagens que se manifestam por meio dos seres vivos (fauna e flora), demonstrando, por meio de modelos espaciais, a biodiversidade, a distribuição, a adaptação, a expansão e as associações dos seres vivos no tempo e no espaço.

Para saber mais

DIAS, A. C.; COUTO, H. T. Z. Comparação de métodos de amostragem na floresta ombrófila densa – Parque Estadual Carlos Botelho (SP). **Revista do Instituto Florestal**, São Paulo, v. 17, n. 1, p. 63-72, 2005.

FERNANDES, A. **Fitogeografia brasileira**. Fortaleza: Multigraf, 2002.

FIGUEIRÓ, A. **Biogeografia**: dinâmicas e transformações da natureza. São Paulo: Oficina de Textos, 2001.

KUHLMANN, E. Noções de biogeografia. **Boletim Geográfico**, Rio de Janeiro, ano 35, n. 254, p. 48-111, jul./set. 1977. Disponível em: <https://biblioteca.ibge.gov.br/visualizacao/periodicos/19/bg_1977_v35_n254_jul_ago.pdf>. Acesso em: 1º fev. 2022.

RODRIGUEZ, J. M. M.; SILVA, E. V.; CAVALCANTI, A. B. P. **Geoecologia das paisagens**: uma visão geossistêmica da análise ambiental. Fortaleza: UFC, 2004.

WEBER, M. **Mapeamento ambiental integrado**: práticas em ecologia da paisagem. Curitiba: Appris, 2019.

6.1.4 Pesquisa em pedologia

A pedologia, também conhecida como *ciência do solo*, é uma área da ciência desenvolvida por muitos profissionais: geógrafos, geólogos, agrônomos, engenheiros, entre outros. Os solos podem ser compreendidos como o resultado do intemperismo sobre uma rocha; dessa forma, é necessário considerar todos os aspectos ligados ao processo de gênese e evolução dos solos, ou seja, a interação entre os aspectos geológicos, climatológicos, biogeográficos, geomorfológicos, hidrogeográficos e antrópicos.

Na atualidade, muitos pesquisadores fazem o mapeamento de solos por meio de processos digitais, o que deixou o produto cartográfico mais preciso. Além disso, o papel do geógrafo em campo é essencial para a classificação e a caracterização morfológica dos solos. Por meio do levantamento de campo, também é possível validar as informações geradas no mapeamento digital.

Para saber mais

BAGATINI, T.; GIASSON, E.; TESKE, R. Expansão de mapas pedológicos para áreas fisiograficamente semelhantes por meio de mapeamento digital de solos. **Pesquisa Agropecuária Brasileira**, Brasília, v. 51, n. 9, p. 1317-1325, set. 2016. Disponível em: <http://www.scielo.br/scielo.php?script=sci_arttext&pid=S0100-204X2016000901317&lng=en&nrm=iso>. Acesso em: 27 jan. 2022.

LEPSCH, I. F. **19 lições de pedologia**. São Paulo: Oficina de Textos, 2011.

LEPSCH, I. F. **Formação e conservação dos solos**. São Paulo: Oficina de Textos, 2002.

MONIZ, A. C. **Elementos de pedologia**. São Paulo: Polígono, 1972.

ZIMBACK, C. R. L. **Formação dos solos**. São Paulo: Ed. da Unesp, 2003.

6.1.5 Pesquisa em hidrogeografia

A pesquisa ligada à hidrogeografia está diretamente relacionada ao conceito de bacia hidrográfica como unidade de análise sistêmica da paisagem. Cada vez mais, o conhecimento das águas superficiais e subterrâneas é de vital importância para a sociedade, pois, de um lado, temos a água como fonte da vida e, de outro, a possibilidade de escassez desse recurso.

Os geógrafos dessa área realizam estudos que envolvem o comportamento das águas na natureza e suas implicações na organização espacial e econômica da sociedade, buscando compreender as relações entre água e solo, água e vegetação, água e clima. Ainda, as pesquisas em hidrogeografia apresentam múltiplos resultados ligados aos processos erosivos, ao abastecimento público, aos usos do solo, ao planejamento ambiental e ordenamento territorial e à gestão de bacias hidrográficas e recursos hídricos.

Para saber mais

MACHADO, P. J. de O.; TORRES, F. T. P. **Introdução à hidrogeografia**. São Paulo: Cengage Learning, 2013.

BALDISSERA, G. C. **Aplicabilidade do modelo de simulação hidrológica SWAT para a bacia hidrográfica do Rio Cuiabá/MT**. 148 f. Tese (Doutorado em Física e Meio Ambiente) – Universidade Federal de Mato Grosso, Mato Grosso, 2005. Disponível em: <https://pgfa.ufmt.br/index.php/en/utilities/dissertations/62-gisele-cristina-baldissera/file>. Acesso em: 27 jan. 2022.

MORAES, M. E. B. de.; LORANDI, R. **Métodos e técnicas de pesquisa em bacias hidrográficas**. Ilhéus, BA: Editus, 2016.

6.1.6 Pesquisa em geografia socioambiental

As abordagens integradoras da análise socioambiental na geografia buscam compreender como os fenômenos do meio físico impactam a sociedade. Cada vez mais, os geógrafos se dedicam a tratar de temas que englobam natureza e sociedade em suas pesquisas, para além do entendimento da fisionomia da paisagem. A abordagem socioambiental compõe um quadro de teorias e pesquisas das ciências sociais que se somam ao quadro da geografia física.

Para saber mais

DREW, D. **Processos interativos homem-meio ambiente**. São Paulo: Difel, 1986.

MENDONÇA, F. Geografia socioambiental. **Terra Livre**, São Paulo, n. 16, p. 139-158, 2001. Disponível em: <https://publicacoes.agb.org.br/index.php/terralivre/article/view/352/334>. Acesso em: 1º fev. 2022.

PRESS, F. et al. **Para entender a Terra**. Porto Alegre: Bookman, 2006.

6.2 Geografia física aplicada à análise ambiental

A partir da década de 1970, intensificaram-se as discussões sobre a necessidade de minimizar os impactos ambientais da sociedade industrial. Em 1972, ocorreu a Primeira Conferência das Nações Unidas para o Meio Ambiente, em Estocolmo, na Suécia. Na ocasião, pesquisadores, chefes de Estado, comunidades e organizações se reuniram para discutir o futuro da Terra, sendo esse evento um marco para a questão ambiental no mundo todo. Podemos afirmar que a demanda da sociedade para a solução de problemas ambientais sofreu um grande incremento nas últimas décadas, sendo a ciência e a tecnologia grandes auxiliares da sociedade na produção de resultados significativos para a compreensão das dinâmicas socioambientais e dos impactos da atividade humana na natureza.

A humanidade, ao produzir os chamados espaços geográficos, interfere na natureza com diferentes graus de transformação, com a preocupação de gerar riquezas, emprego e renda. Essas intervenções transformam agressivamente os ambientes naturais, promovendo transformações marcantes no fluxo de energia e matéria, alterando a intensidade da funcionalidade intrínseca existente entre os componentes da natureza – fato que também atinge a própria sociedade. A natureza é modificada permanentemente pela humanidade, tanto em seus aspectos fisionômicos como fisiológicos (forma e dinâmica), mas não sofre modificação em sua essência, porque os humanos, por mais que apliquem tecnologias sofisticadas, não conseguem modificar o funcionamento geral do sistema terrestre, cujas leis são mais poderosas do que qualquer das maiores intervenções humanas.
(Ross, 2006, p. 198)

Considerando o exposto, podemos entender que a natureza tem a **capacidade de regeneração**, porém a sociedade a altera de forma cada vez mais acelerada, o que exige tomadas de decisão cada vez mais eficientes por parte dos governos e dos órgãos ambientais na mitigação dos conflitos ambientais.

O planejamento da paisagem e a análise ambiental são exemplos de metodologias para o estudo do meio físico e das interações entre natureza e sociedade. Muitas vezes, os estudos nessas áreas apresentam alternativas de mitigação e soluções para conflitos ambientais.

O planejamento da paisagem apresenta, entre outras técnicas, mapeamentos complexos com o uso de geoprocessamento, em que são considerados os diferentes elementos da paisagem geográfica para a representação dos sistemas ambientais. Essa metodologia de análise, além de oferecer o entendimento de geossistemas, é utilizada também nas tomadas de decisão de diversos atores, desde os centros de pesquisa até os órgãos do Estado e a iniciativa privada.

Existem atualmente, no Brasil, vários tipos de estudos ambientais, incluindo o Estudo de Impacto Ambiental (EIA), o Relatório de Impacto Ambiental (Rima), o Plano de Controle Ambiental (PCA), o Relatório de Controle Ambiental (RCA) e o Relatório Ambiental Preliminar (RAP), além de estudos que se aplicam especificamente a alguns tipos de empreendimento, como o Plano de Recuperação de Áreas Degradadas (Prad). Todos esses estudos baseiam-se no formato e nos princípios do EIA, que é considerado o mais importante e completo. Segundo Sánchez (2013, p. 182), a metodologia aplicada no EIA é "básica para o planejamento e elaboração de um estudo de impacto ambiental. Entretanto, com adaptações, pode ser utilizada para qualquer um dos estudos ambientais".

O EIA e o Rima são um conjunto de técnicas científicas e legais que têm por objetivo identificar o potencial do impacto ambiental de um empreendimento. No Brasil, existe uma série de legislações que regulamentam os procedimentos administrativos e legais desses documentos. Basicamente, eles são compostos por algumas etapas obrigatórias, a saber:

» diagnóstico ambiental;
» avaliação dos impactos ambientais;
» medidas mitigadoras;
» programas de recuperação.

Veremos, com mais detalhes, que nessas etapas podem ser aplicadas técnicas de pesquisa utilizadas na geografia ambiental, as quais colaboram para estudos como o EIA. É importante salientar que um estudo dessa natureza é realizado com uma equipe multidisciplinar, conforme a legislação em vigor.

O EIA surgiu com o papel de facilitar a gestão ambiental do futuro empreendimento. A aprovação do projeto implica certos compromissos assumidos pelo empreendedor, que são delineados no estudo, podendo ser modificados em virtude de negociações com os interessados (Sánchez, 2013). Os empreendimentos que obrigatoriamente têm de passar pelo EIA/Rima, conforme a Resolução n. 1, de 23 de janeiro de 1986, do Conselho Nacional do Meio Ambiente (Conama), são:

> Art. 2º [...]
>
> I – Estradas de rodagem com duas ou mais faixas de rolamento;
> II – Ferrovias;
> III – Portos e terminais de minério, petróleo e produtos químicos;
> IV – Aeroportos, conforme definidos pelo inciso 1, artigo 48, do Decreto-Lei nº 32, de 18.11.66;
> V – Oleodutos, gasodutos, minerodutos, troncos coletores e emissários de esgotos sanitários;
> VI – Linhas de transmissão de energia elétrica, acima de 230KV;
> VII – Obras hidráulicas para exploração de recursos hídricos, tais como: barragem para fins hidrelétricos, acima de 10MW, de saneamento ou de irrigação, abertura de canais para navegação, drenagem e irrigação,

retificação de cursos d'água, abertura de barras e embocaduras, transposição de bacias, diques;

VIII – Extração de combustível fóssil (petróleo, xisto, carvão);

IX – Extração de minério, inclusive os da classe II, definidas no Código de Mineração;

X – Aterros sanitários, processamento e destino final de resíduos tóxicos ou perigosos;

XI – Usinas de geração de eletricidade, qualquer que seja a fonte de energia primária, acima de 10MW;

XII – Complexo e unidades industriais e agroindustriais (petroquímicos, siderúrgicos, cloroquímicos, destilarias de álcool, hulha, extração e cultivo de recursos hídricos);

XIII – Distritos industriais e zonas estritamente industriais – ZEI;

XIV – Exploração econômica de madeira ou de lenha, em áreas acima de 100 hectares ou menores, quando atingir áreas significativas em termos percentuais ou de importância do ponto de vista ambiental;

XV – Projetos urbanísticos, acima de 100ha. ou em áreas consideradas de relevante interesse ambiental a critério da SEMA e dos órgãos municipais e estaduais competentes;

XVI – Qualquer atividade que utilize carvão vegetal, em quantidade superior a dez toneladas por dia. (Brasil, 1986)

Todos esses empreendimentos têm como obrigação apresentar o diagnóstico ambiental na área de influência do empreendimento que será instalado e também uma caracterização que contemple

Art. 6º [...]

a) o meio físico – o subsolo, as águas, o ar e o clima, destacando os recursos minerais, a topografia, os tipos e aptidões do solo, os corpos d'água, o regime hidrológico, as correntes marinhas, as correntes atmosféricas;

b) o meio biológico e os ecossistemas naturais – a fauna e a flora, destacando as espécies indicadoras da qualidade ambiental, de valor científico e econômico, raras e ameaçadas de extinção e as áreas de preservação permanente;

c) o meio socioeconômico – o uso e ocupação do solo, os usos da água e a socioeconomia, destacando os sítios e monumentos arqueológicos, históricos e culturais da comunidade, as relações de dependência entre a sociedade local, os recursos ambientais e a potencial utilização futura desses recursos. (Brasil, 1986)

Para saber mais

É possível consultar estudos de EIA/Rima – que são públicos – para conhecer como outros profissionais elaboraram pesquisas desse porte. Acesse o material indicado a seguir.

CEPEMAR. **Diagnóstico ambiental**. EIA – Estudo de Impacto Ambiental da Termelétrica de Viana Rev. 00. dez. 2007. Disponível em: <https://iema.es.gov.br/Media/iema/CQAI/EIA/2007/Termel%C3%A9trica%20de%20Viana/4%20-%20

Diagn%C3%B3stico%20Ambiental%20-%201.pdf>. Acesso em: 27 jan. 2022.

As técnicas de pesquisa na geografia física podem ser utilizadas na caracterização do meio físico tanto em um EIA/Rima como em outros tipos de estudos ambientais. A seguir, veremos algumas etapas de pesquisa que são comuns em estudos ambientais.

6.2.1 Etapas de pesquisa para estudos ambientais

Os passos que descreveremos aqui não são obrigatórios em todas as pesquisas ambientais, mas são comuns em pesquisas acadêmicas e científicas.

Vamos sugerir três etapas básicas:

1. Definir a área de estudo e o recorte temporal.
2. Realizar o levantamento dos aspectos ambientais que serão analisados – considerando-se que a questão ambiental envolve uma leitura sistêmica.
3. Organizar e sintetizar os dados.

6.2.2 Bacia hidrográfica como unidade de análise

O primeiro passo é a escolha da área de estudo. Verifique se há algum conflito de uso e ocupação da terra em algum local próximo[ii], um lugar cuja dinâmica geográfica já estabelecida você gostaria

---

[ii]. A indicação em relação à área a ser estudada é preferível para a realização dos trabalhos de campo na área e a averiguação das informações de campo.

de compreender melhor. Em um estudo voltado à fragilidade ambiental, é preciso identificar qual é o melhor recorte espacial, como a área de uma unidade de conservação, um município, um bairro, uma bacia hidrográfica ou qualquer outra unidade territorial.

Toda pesquisa geográfica inicia com o recorte espacial, por isso é sempre importante escolher a melhor escala para o fenômeno a ser estudado (veja a Seção 1.4). Na geografia física, é muito comum que a opção do pesquisador seja pela bacia hidrográfica como unidade de análise.

As bacias hidrográficas compõem um recorte espacial realizado pelo pesquisador para compreender a dinâmica de um rio principal e de seus afluentes, abarcando-se toda a área drenada (relevo, solo, vegetação, uso e cobertura da terra, fauna) e o ciclo hidrológico. São consideradas áreas sobre o relevo terrestre em que o escoamento superficial em qualquer ponto converge para um único ponto fixo, o exutório. Para delimitar uma bacia hidrográfica, normalmente são utilizadas cartas topográficas, em que são traçadas linhas imaginárias (linha de cumeada) as quais são capazes de sinalizar as partes de maior altitude (onde estão as nascentes) e as de menor altitude (onde está a foz, ou exutório).

Na análise de bacias hidrográficas, são observados os aspectos do relevo, da hidrografia, do solo, da geologia, da vegetação, do clima e de uso e ocupação. Dessa forma, pensando nas características sistêmicas das bacias hidrográficas, muitos geógrafos optam por esse recorte espacial como unidade de análise.

A bacia hidrográfica é o compartimento da área drenada por um rio principal e seus rios afluentes. Nela, os pesquisadores podem calcular a entrada e a saída de matéria e energia do ambiente. Vejamos com mais detalhes como selecionar esse compartimento, conforme ilustra a Figura 6.2.

Figura 6.2 – Bacia hidrográfica hipotética

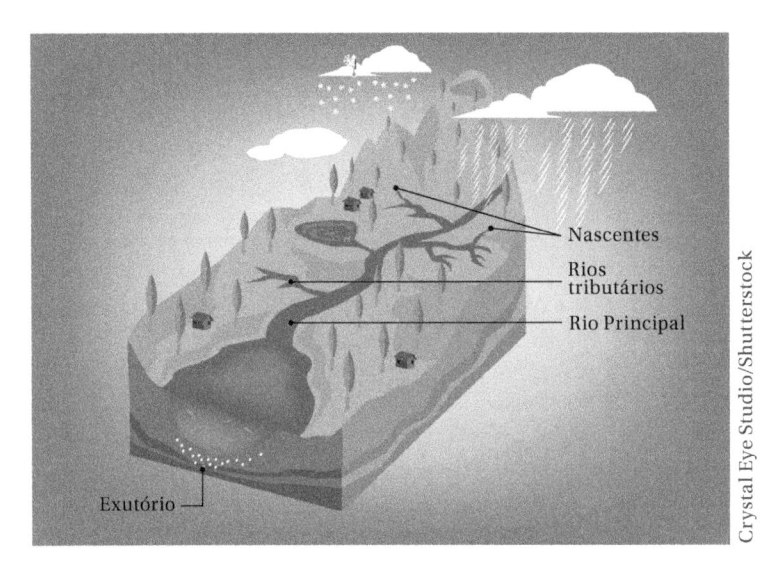

Crystal Eye Studio/Shutterstock

Na Figura 6.2, podemos observar a área drenada por um rio principal desde sua nascente até a foz, ou exutório, bem como os rios tributários. O sistema bacia hidrográfica compreende todos os compartimentos existentes dentro do recorte espacial; assim, o geógrafo vai analisar a bacia hidrográfica como um sistema aberto, que é aquele que troca matéria e energia com outros sistemas.

Para estudar uma bacia hidrográfica, é necessário, ainda, realizar o levantamento de dados topográficos da área selecionada e o mapeamento dos corpos hídricos, que podem ser identificados por meio da base cartográfica. Também é possível verificar a existência de um mapa hidrográfico que vai revelar onde se encontram os corpos hídricos da área em questão. Assim, passamos de um sistema tridimensional (área real) para uma representação bidimensional (mapa).

Na Figura 6.3, podemos observar um mapa referente à microbacia do Córrego da Lagoa, no município de Araraquara, São Paulo, em que foi delimitada a área de drenagem do Córrego da Lagoa e seus afluentes.

Figura 6.3 – Mapa da microbacia do Córrego da Lagoa – Araraquara (SP)

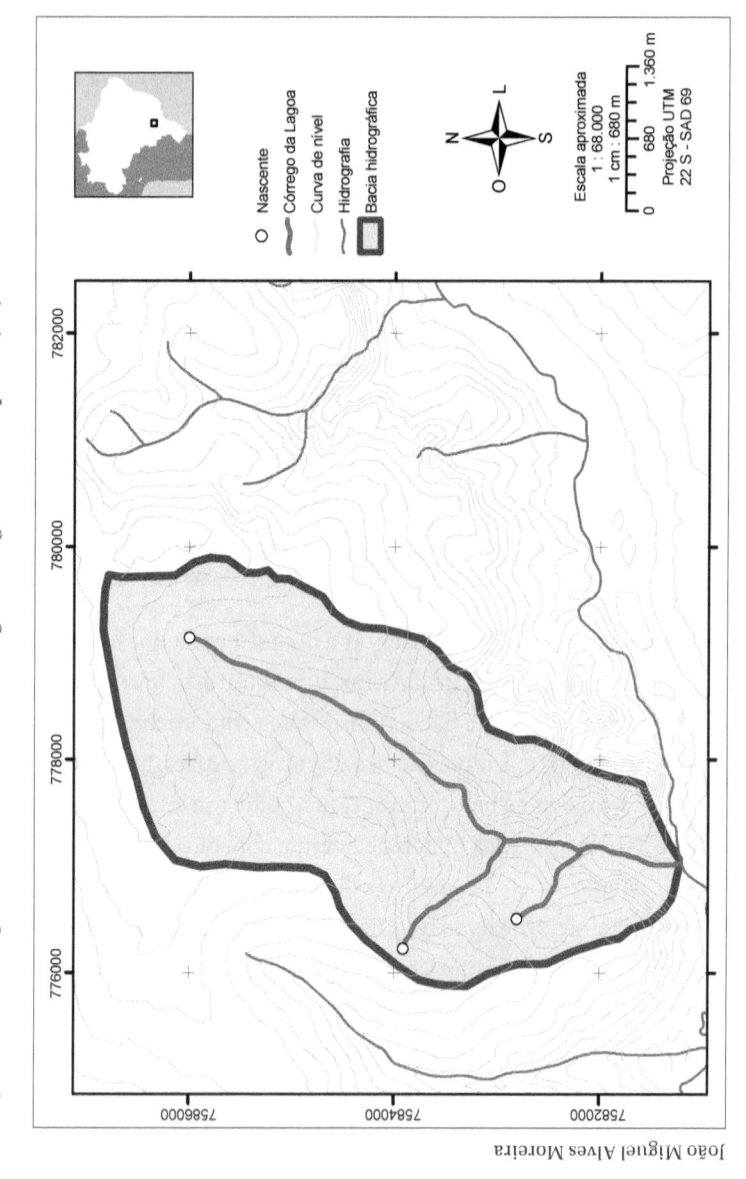

Fonte: Araraquara, 2022.

João Miguel Alves Moreira

Preste atenção!

Você precisa verificar a existência de bases cartográficas e mapas temáticos na escala adequada para a compreensão do fenômeno que deseja estudar. Os principais mapas de que você vai precisar são: topografia, hidrografia, solos, declividade, vegetação, clima e uso e ocupação do solo.

6.2.3 Delimitação e caracterização da área de estudo

Um dos tópicos de sua pesquisa será a caracterização da área de estudo. Depois de defini-la, é importante fazer um mapa de localização para apresentar sua área, bem como realizar a descrição da área relacionada à localização, aos aspectos históricos, culturais e socioeconômicos, à biodiversidade e à legislação. Como exemplo, selecionamos uma pesquisa científica sobre a fragilidade ambiental da bacia hidrográfica do Rio Aldeia Velha, no Rio de Janeiro. Observe a Figura 6.4, na qual podemos visualizar um mapa de localização da área de estudo com a delimitação da bacia hidrográfica.

Figura 6.4 – Mapa de localização da bacia hidrográfica do Rio Aldeia Velha (RJ)

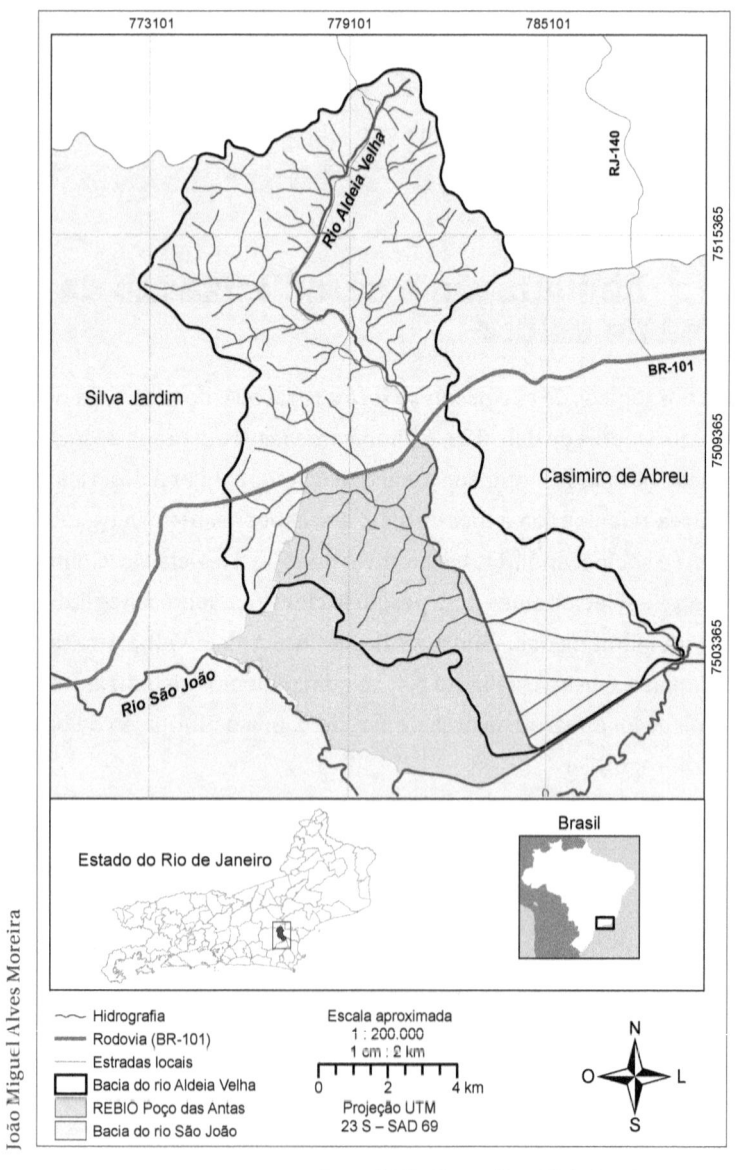

Fonte: Valle; Francelino; Pinheiro, 2016, p. 298.

Para a caracterização da área de estudo, é necessário pesquisar os dados para descrever cada um dos compartimentos analisados. Vale ressaltar que "como os estudos ambientais são sempre executados em um contexto de limitação de tempo e recursos, é interessante poder identificar o momento a partir do qual compensa pouco continuar investindo em aquisição de dados e processamento de informações" (Sánchez, 2013, p. 246).

Figura 6.5 – Caracterização da área de estudo

CARACTERIZAÇÃO DA ÁREA DE ESTUDO
Bacia Hidrográfica do Rio Aldeia Velha – RJ
Quais elementos a caracterização de uma área de estudo deve ter?

"A bacia hidrográfica do Rio Aldeia Velha está situada na zona costeira, ou região das baixadas litorâneas, na bacia hidrográfica do Rio São João, no estado do Rio de Janeiro, entre os paralelos 22°23'-22°33'S e os meridianos 42°15'-42°19'W".	LOCALIZAÇÃO E COORDENADAS GEOGRÁFICAS
VALOR DA ÁREA DE DRENAGEM	Tem "área de drenagem de aproximadamente 14.400 ha".

(continua)

(Figura 6.5 – conclusão)

"O Rio Aldeia Velha, um dos principais afluentes pela margem esquerda do Rio São João, é limite físico e político entre os municípios de Silva Jardim e Casimiro de Abreu e responde pelo abastecimento de água de 10 municípios da Região dos Lagos, uma das de maior potencial turístico do estado do Rio de Janeiro".	LIMITES TERRITORIAIS E POTENCIAL ECONÔMICO
LEGISLAÇÃO AMBIENTAL	"A bacia hidrográfica em estudo está totalmente inserida na Área de Proteção Ambiental (APA) da Bacia do Rio São João, abrangendo aproximadamente 56% da Reserva Biológica (REBIO) Poço das Antas, parte de seu entorno e Zona de Amortecimento".
"A área encontra-se sob o domínio da Mata Atlântica e constitui hábitat de espécies endêmicas da fauna brasileira como o Mico-leão-dourado (*Leontopithecus rosalia*), a Preguiça-de-coleira (*Bradypus torquatus*) e a Borboleta-da-praia (*Parides ascanius*) (Brasil, 2005)".	BIODIVERSIDADE
CARACTERÍSTICA E TIPOLOGIA CLIMÁTICA	"O clima local é quente e úmido, com uma estação seca no inverno, sendo classificado como Aw, segundo Köppen (1948). De maneira geral, a região das baixadas litorâneas no estado do Rio de Janeiro apresenta grande variação pluviométrica, com menor pluviosidade no litoral próximo à região de Arraial do Cabo e um aumento gradativo à medida que se avança para o interior, alcançando máximos valores nas proximidades da Região Serrana (Montebeller et al., 2007)".

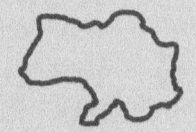

Fonte: Elaborado com base em Valle; Francelino; Pinheiro, 2016, p. 297.

O levantamento de dados para a caracterização da área pode envolver questões relacionadas ao clima, à geologia, à geomorfologia, à qualidade do ar, aos recursos hídricos, à qualidade das águas superficiais e aos ruídos, se forem analisados apenas os aspectos físicos. Se a pesquisa tem por objetivo realizar estudos mais aprofundados sobre os meios biótico e socioeconômico, o levantamento de informações precisa ser ampliado. Seria impossível colocar em apenas um livro todas as possíveis caracterizações dos aspectos físicos no âmbito da geografia física. Por isso, é fundamental a utilização de livros técnicos e específicos para cada área quando você estiver realizando sua pesquisa em geografia física.

Para saber mais

Sugerimos algumas obras de referência para nortear seus estudos: *Os domínios de natureza no Brasil*, de Aziz Ab'Saber; *Geomorfologia fluvial*, de Antonio Christofoletti; *Erosão e conservação do solo*, organizado por Antônio José Teixeira Guerra, Antonio Soares da Silva e Rosangela Garrido Machado Botelho; e *Hidrologia*, organizado por Carlos Eduardo Morelli Tucci.

6.2.4 Convenções cartográficas

Para uma correta apresentação cartográfica[iii], é necessário verificar alguns importantes critérios, como título, sistemas de coordenadas, legendas, indicação do norte, autor, base de dados, escala, tipo de projeção e ano de elaboração. As Normas Técnicas

---

iii. Cartografia: "é a arte de levantamento, construção e edição de mapas e cartas de qualquer natureza" (Santos, 2013, p. 1).

da Cartografia Nacional foram propostas em 1984 e estabelecem as convenções cartográficas como forma de regulamentar os produtos cartográficos (Brasil, 1984).

Os mapas[iv] não são apenas imagens, são considerados parte fundamental de uma informação textual, representando a realidade cartografada, com inúmeras informações contidas em uma imagem. Os mapas são documentos, por isso estão entre os elementos mais importantes das pesquisas em geografia física, assim como as cartas, as plantas e os croquis, pois são a síntese de informações que devem ser validadas pela comunidade científica.

Aqui, pontuaremos alguns cuidados necessários para se apresentar um mapa, com informações legíveis e todos os elementos cartográficos exigidos pela normatização cartográfica. Para tanto, recorreremos à cartografia sistemática e à cartografia temática, descritas no Quadro 6.1, como forma de demonstrar alguns detalhes técnicos que devem ser tomados na produção de mapas e na leitura de mapas de outros autores.

Quadro 6.1 – Diferenças entre cartografia sistemática e cartografia temática

Cartografia sistemática	Cartografia temática
Baseada em normas técnicas e convenções internacionais	Baseada em normas metodológicas. O termo cartografia temática passou a designar todos os mapas que tratam de outro assunto além da simples representação do terreno.

(continua)

---

iv. Mapa: "representação ou abstração da realidade geográfica. Ferramenta para a apresentação de informação geográfica nas modalidades visual, digital e táctil" (Santos, 2013, p. 1).

(Quadro 6.1 - conclusão)

Cartografia sistemática	Cartografia temática
Serve como apoio à produção do conhecimento geográfico, notadamente na elaboração para mapeamento temático e trabalho de campo	Serve de apoio à produção do conhecimento geográfico, principalmente para a compreensão da espacialidade de fenômenos geográficos e para a representação de resultados de pesquisas.
Base científica	
Geodésia (projeções)	Teoria da informação e comunicação
Topografia	Sensoriamento remoto
Sensoriamento remoto	Semiologia
Astronomia	Estatística

Fonte: Santos, 2013, p. 1.

6.2.5 Escalas

As escalas são um número adimensional utilizado nos mapas para indicar quantas vezes determinada área foi reduzida, objetivando sua representação em uma folha de papel. Nos estudos cartográficos, podemos considerar as escalas regionais, que contam com maior abrangência e menor riqueza de detalhes, e as escalas locais, cuja abrangência é menor, mas com grande riqueza de detalhes. Portanto, a área representada é inversamente proporcional ao nível de detalhamento da superfície.

Vamos conhecer um pouco mais sobre as escalas.

6.2.5.1 Escala espacial

A escala é indispensável em um mapa. Para lê-lo, é importante conhecer e interpretar as escalas, de modo identificar o tipo utilizado em cada representação cartográfica. A Tabela 6.1 mostra a classificação das escalas quanto ao seu uso e abrangência.

Tabela 6.1 – Classificação das escalas quanto ao uso e à abrangência

Escala		Uso		Intervalos adotados	
Grandes		Local	Urbano, local	>1/100.000	<1/25.000
Médias	Pequenas	Regionais	Mundial Continental	1/100.000 a >1/500.000	>1/25.000
Pequenas		Estaduais	Regional	<1/500.000	

6.2.5.2 Escala temporal

Além da delimitação da área de estudo, é preciso escolher a escala temporal adequada conforme o objetivo da pesquisa. Para um estudo atualizado, devem ser usadas fontes atualizadas de dados. Por exemplo, se a pesquisa estiver relacionada às transformações de uso e à ocupação da terra em determinado local, serão necessárias imagens de satélites ou outras fontes de dados de momentos diferentes, para que se possam avaliar as transformações da melhor forma.

6.2.6 Linguagem cartográfica

A linguagem cartográfica tem suas características padronizadas, sendo possível realizar a leitura instantânea de um mapa. É importante salientar que a linguagem visual deve ser clara, coerente e universal.

Os sinais gráficos básicos são pontos, traços e uma superfície de uma cor escolhida. Esses elementos sozinhos não têm significado, porém, no conjunto do mapa, representam algo que varia conforme o que está sendo apresentado.

Uma informação visual é transmitida no mapa por meio de uma variação de figuras. A seguir, veremos algumas formas de distinguir as variáveis visuais, conforme Béguin e Pumain, 2012.

a. **Forma**: as formas podem ser geométricas ou simbólicas e permitem transmitir uma informação quantitativa. É indicado que se utilizem até dez formas diferentes em um mapa para que seja bem interpretado.

Figura 6.6 – Exemplos de formas para cartografia

Vadim Almi e Anna Frajt/Shutterstock

b. **Tamanho**: o tamanho é definido pela superfície, pelo volume, pela altura ou pela largura. As diferenças de tamanho são geralmente percebidas em um mapa e identificadas em razão das diferenças quantitativas. O tamanho permite estimar visualmente um valor ou deduzir um conhecimento graças ao peso daquilo que está sendo estudado.

O mapa a seguir apresenta a informação do *ranking* das cidades conforme a quantidade (volume) de países com relação comercial. Perceba que o tamanho da circunferência da legenda altera conforme o *ranking* aumenta.

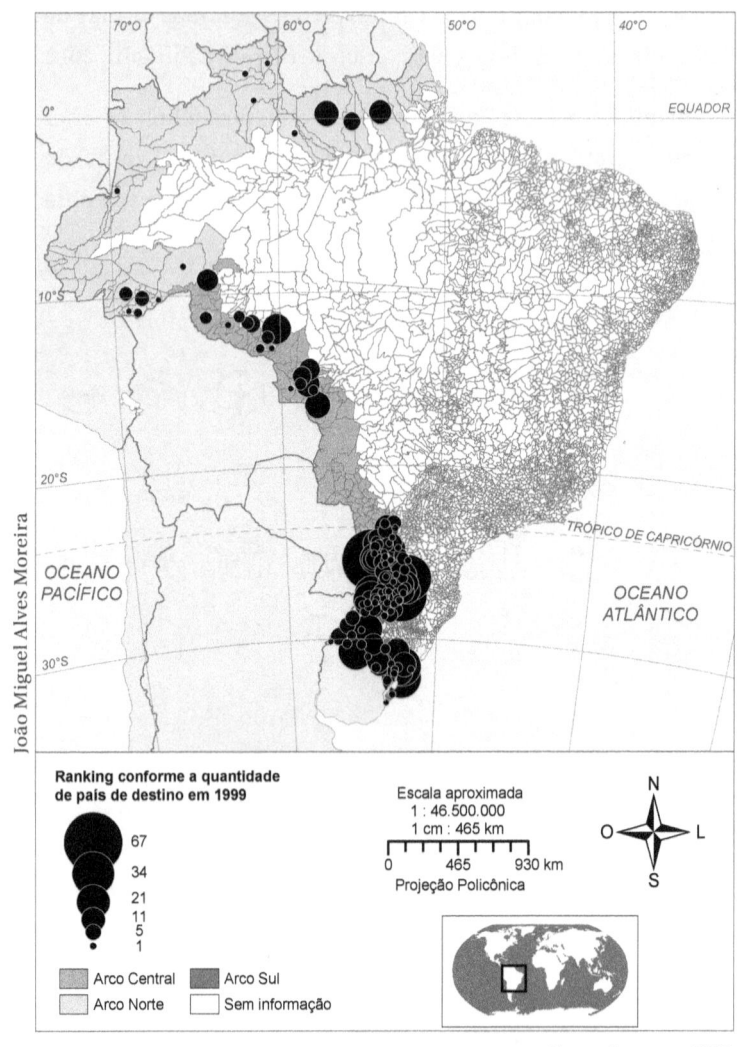

Figura 6.7 – Exemplo de mapa com diferenciação por tamanho

Fonte: Antunes, 2015.

c. **Cor**: a cor tem valor estético e permite diferenciar a diversidade de tons. As cores variam de acordo com o tom e a saturação usados no mapa. Observe o mapa a seguir, cuja altimetria é representada por meio da variação de cores.

Figura 6.8 - Mapa altimétrico do Brasil com as bacias e sub-bacias hidrográficas

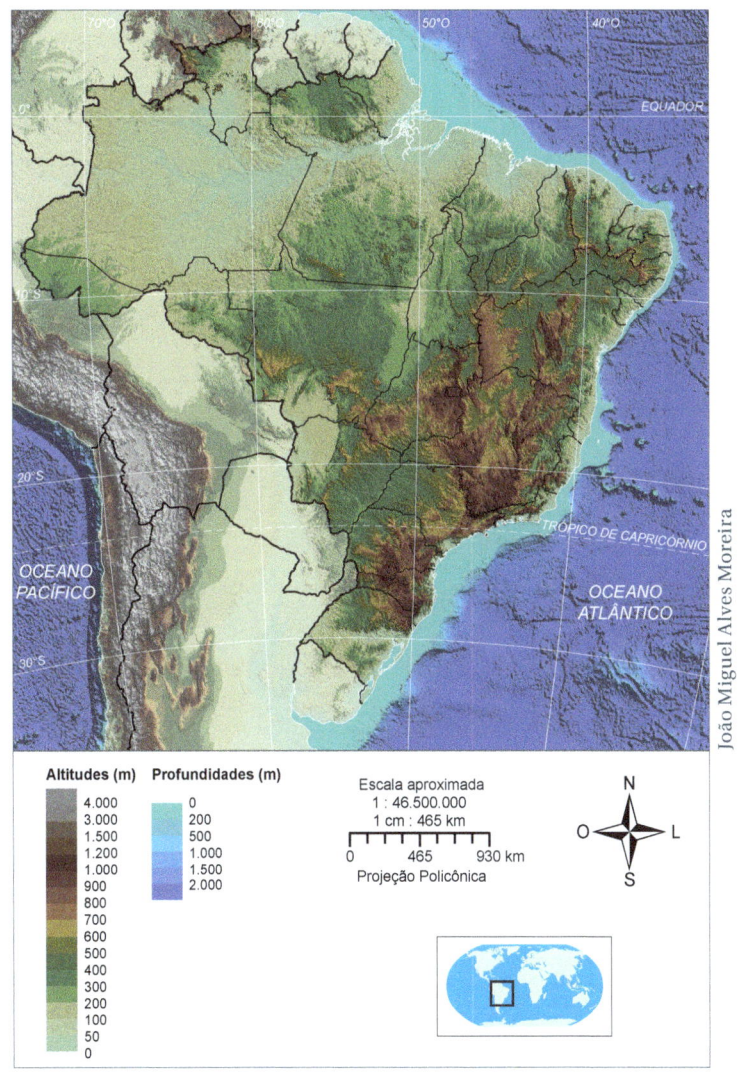

Fonte: Ab'Saber, 2003.

d. **Textura/estrutura**: esse tipo de modalidade é usado para zonas. Em mapas em preto e branco, ele permite informar uma zona específica.

Combinado com as cores, possibilita a construção de uma legenda de hierarquia diferente. No mapa de domínios morfoclimáticos do Brasil, elaborado por Ab'Saber (2003), é possível verificar a aplicação de textura e estrutura na confecção do mapa.

Figura 6.9 – Exemplo de mapa com diferenciação por textura/estrutura

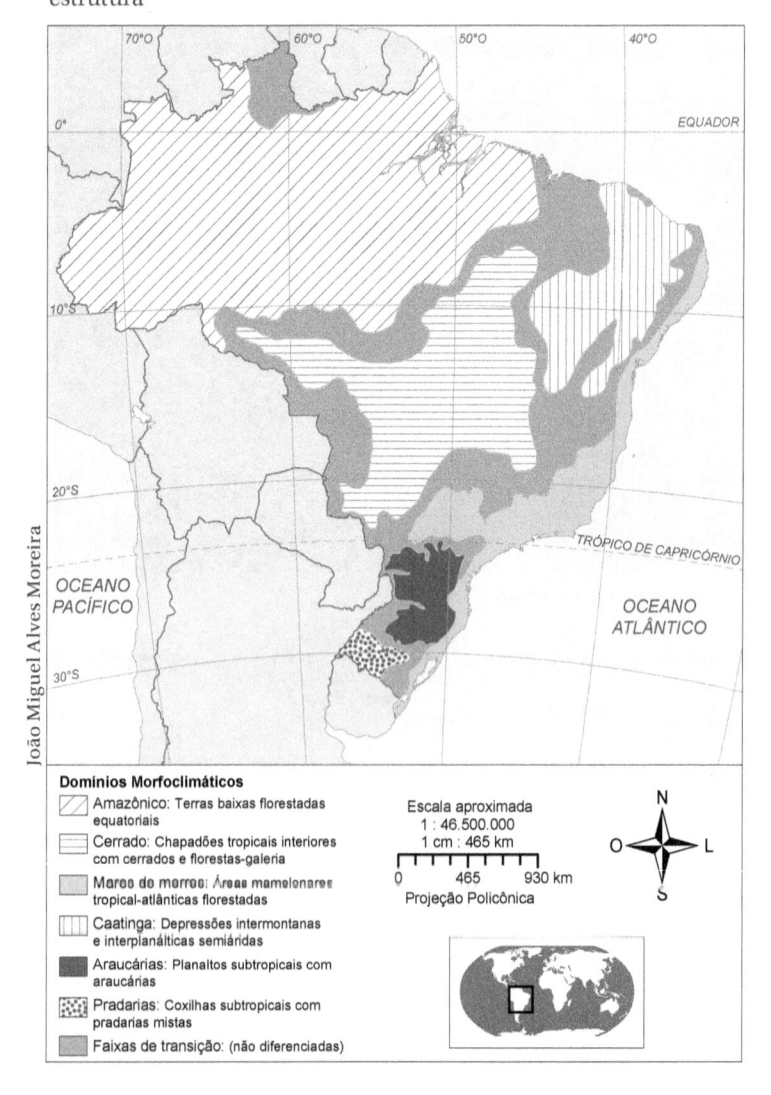

Domínios Morfoclimáticos

- Amazônico: Terras baixas florestadas equatoriais
- Cerrado: Chapadões tropicais interiores com cerrados e florestas-galeria
- Mares de morros: Áreas mamelonares tropical-atlânticas florestadas
- Caatinga: Depressões intermontanas e interplanálticas semiáridas
- Araucárias: Planaltos subtropicais com araucárias
- Pradarias: Coxilhas subtropicais com pradarias mistas
- Faixas de transição: (não diferenciadas)

Escala aproximada
1 : 46.500.000
1 cm : 465 km

0   465   930 km

Projeção Policônica

João Miguel Alves Moreira

e. **Variação de orientação**: a orientação se limita a quatro direções e é utilizada para representar modalidades de caráter qualitativo.

Figura 6.10 – Exemplo de variação de orientação

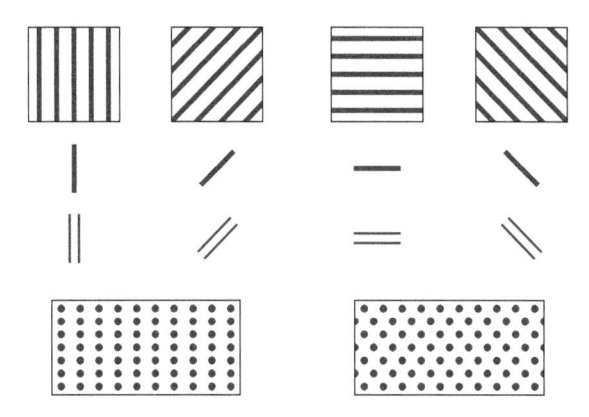

Fonte: Béguin; Pumain, 2012.

Alguns estudos da geografia física utilizam os mapas de risco ou vulnerabilidade ambiental para avaliar qual será a região mais afetada por um fenômeno natural, como inundações, deslizamentos e furacões. Por meio do **geoprocessamento**, é possível realizar diversas combinações de informações geográficas. Observe os mapas de fragilidade ambiental potencial e emergente na bacia hidrográfica do Rio Aldeia Velha.

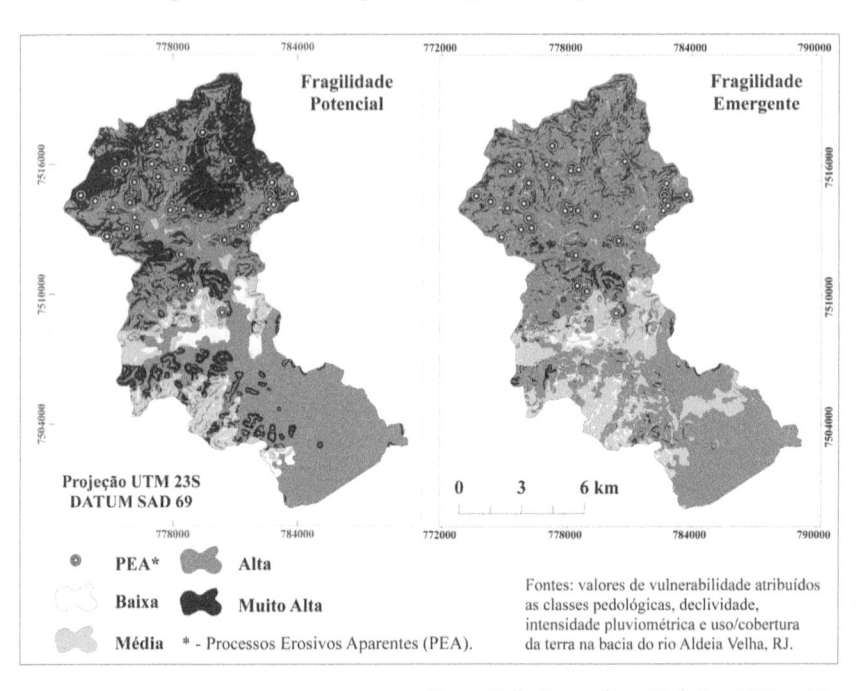

Figura 6.11 – Exemplo de mapas de fragilidade ambiental

Fragilidade Potencial
Fragilidade Emergente

Projeção UTM 23S
DATUM SAD 69

0 3 6 km

○ PEA*
　Baixa
　Média
　Alta
　Muito Alta

* - Processos Erosivos Aparentes (PEA).

Fontes: valores de vulnerabilidade atribuídos às classes pedológicas, declividade, intensidade pluviométrica e uso/cobertura da terra na bacia do rio Aldeia Velha, RJ.

Fonte: Valle; Francelino; Pinheiro, 2016, p. 304.

f. **Geoprocessamento**: é uma técnica desenvolvida para facilitar a manipulação de dados georreferenciados em sistemas computacionais. Uma das principais ferramentas do geoprocessamento é o Sistema de Informação Geográfica (SIG), do qual muitos geógrafos são adeptos em suas pesquisas. O geoprocessamento é um processo baseado na interação entre *software*, *hardware*, profissionais e informações espaciais que produzirão como resultado mapas temáticos que auxiliam nas análises geográficas.

É por meio do geoprocessamento que são produzidos modelos digitais, EIAs, planos de manejo e gestão de recursos naturais e uso da terra, estudos epidemiológicos, entre outros. Ainda, o SIG permite que informações sobre uma mesma área sejam cruzadas (por meio de *layers* – camadas), possibilitando a análise sistêmica.

Para saber mais

BRASIL. Instituto Nacional de Pesquisas Espaciais. **Fundamentos de geoprocessamento**. São José dos Campos: Inpe, 2000.

CÂMARA, G. et. al. **Anatomia de sistemas de informação geográfica**. Curitiba: Sagres, 1997.

CHORLEY, R. J.; HAGGETT, P. **Models in Geography**. London: Methuen, 1967.

FERRARI, R. **Viagem ao SIG**: planejamento estratégico, viabilização, implantação e gerenciamento de sistemas de informação geográfica. Curitiba: Sagres, 1997.

Há muitas fontes de dados cartográficos e estatísticos oficiais disponíveis na internet. Existem até mesmo visualizadores de SIG disponíveis *on-line*, conhecidos como Web Geographical Information System (WebGIS).

Para saber mais

Acesse os *sites* listados a seguir para conhecer as plataformas e verificar aquela(s) que melhor se adapta(m) ao estudo da área que você escolheu.

IBGE – Instituto Brasileiro de Geografia e Estatística. Sistema de Informações Geográficas: mapas interativos. Disponível em: <https://mapasinterativos.ibge.gov.br/sigibge/>. Acesso em: 1º fev. 2022.

INDE – Infraestrutura Nacional de Dados Espaciais. Disponível em: <https://visualizador.inde.gov.br/>. Acesso em: 1º fev. 2022.

SOS Mata Atlântica. Mapas. Disponível em: <http://mapas.sosma.org.br/>. Acesso em: 1º fev. 2022.

DataGEO – Sistema Ambiental Paulista. Disponível em: <http://datageo.ambiente.sp.gov.br/app/?ctx=DATAGEO#>. Acesso em: 1º fev. 2022.

QGIS – Optamos por indicar o *software* livre QGIS, que passa por atualizações realizadas pelos usuários do *software* e conta com inúmeros tutoriais e apostilas para você aprender como manusear essa excelente ferramenta de geoprocessamento. O programa e os materiais estão disponíveis para *download* em: <https://www.qgis.org/pt_BR/site/>.

O Instituto Brasileiro de Geografia e Estatística (IBGE) também dispõe de algumas plataformas de WebGIS, como IBGE @Cidades e IBGE @Paises. Além disso, na página de metadados é possível realizar *downloads* de informações cartográficas em camadas (*shapes*, formato .shp) que poderão ser abertas no QGIS. Acesse: <http://www.metadados.geo.ibge.gov.br>.

Você também pode procurar dados cartográficos em outros *sites* que oferecem dados oficiais para pesquisa. Lembre-se de que, quanto maior for o banco de dados georreferenciados na mesma escala, maior será o nível de detalhamento de seu estudo. De todo modo, é necessário ter conhecimento e experiência para realizar a análise dos dados mapeados. Apresentamos a seguir algumas indicações de portais de dados geográficos para a aquisição de dados de geociências.

Quadro 6.2 – Portais nacionais de dados geoespaciais

Portal	Link
Portal Brasileiro de Dados Geoespaciais – SIG Brasil	https://inde.gov.br/
Geoportal do Exército Brasileiro	http://www.geoportal.eb.mil.br/portal/
Banco de Dados Geográficos do Exército	https://bdgex.eb.mil.br/mediador/
Departamento de Controle do Espaço Aéreo (Decea)	https://www.decea.gov.br/
Portal Brasileiro de Dados Abertos – Marinha do Brasil	http://www.dados.gov.br/organization/marinha-do-brasil
Sistema Nacional de Informações sobre Recursos Hídricos (SNIRH)	http://www.snirh.gov.br/
Catálogo de Metadados da Agência Nacional de Águas (ANA)	https://metadados.ana.gov.br/geonetwork/srv/pt/main.home
Mapas Interativos do Ministério do Meio Ambiente (MMA)	https://antigo.mma.gov.br/governanca-ambiental/geoprocessamento/item/863-mapas-interativos.html
Geociências – IBGE	https://www.ibge.gov.br/geociencias/downloads-geociencias.html

Quadro 6.3 – Portais de dados geoespaciais por unidade da Federação selecionados

Portal	Link
Alagoas em Dados e Informações – Geociências – Al	https://dados.al.gov.br/catalogo/group/geociencias
Dados Vetoriais – Instituto do Meio Ambiente – Al	http://www.ima.al.gov.br/servicos/downloads/download-de-dados-vetoriais/
Indicadores e Mapas – Secretaria de Estado de Desenvolvimento Econômico, Ciência, Tecnologia e Inovação (Sedecti) – AM	http://www.sedecti.am.gov.br/indicadores-mapa/
Geobases – Sistema Integrado de Bases Geoespaciais – ES	https://geobases.es.gov.br/downloads
Instituto Jones dos Santos Neves (IJSN) – ES	http://www.ijsn.es.gov.br/mapas/
Instituto Maranhense de Estudos Socioeconômicos e Cartográficos (Imesc) – MA	http://imesc.ma.gov.br/portal/Home
AguasParaná – Instituto das Águas do Paraná – PR	http://www.aguasparana.pr.gov.br/modules/conteudo/conteudo.php?conteudo=78
Câmara Técnica de Cartografia e Geoprocessamento do Paraná – Consultas Interativas – PR	http://www.geo.pr.gov.br/ms4/inventario/jsp/produtos.jsp
Instituto de Terras, Cartografia e Geologia do Paraná – PR	http://www.itcg.pr.gov.br/
Instituto de Terras e Cartografia do Estado do Rio de Janeiro (Iterj) – RJ	http://www.iterj.rj.gov.br/iterj_site/sig-iterj

(continua)

(Quadro 6.3 - conclusão)

Portal	Link
Sistema de Informações Geográficas Sigaresc – SC	http://sigsc.sc.gov.br/sigaresc/
IGC – Instituto Geográfico e Cartográfico (IGC) – SP	http://www.igc.sp.gov.br/
Infraestrutura de Dados Espaciais do Estado de São Paulo (Idesp) – SP	http://www.idesp.sp.gov.br/
Instituto Geológico (IG) – SP	https://www.infraestruturameioambiente.sp.gov.br/institutogeologico/geodados/bases-online/
Observatório de Sergipe – SE	https://www.observatorio.se.gov.br/base-cartografica-de-sergipe/
DataGEO – Sistema Ambiental Paulista – SP	http://datageo.ambiente.sp.gov.br/

Cabe observar ainda que entre os itens requeridos em uma pesquisa científica estão os materiais e métodos utilizados para realizá-la. Os materiais dizem respeito aos equipamentos, aos mapas, às tabelas, às fontes de dados, à execução da pesquisa, aos *softwares* utilizados, aos levantamentos de campo e a todas as técnicas e recursos empregados no momento da pesquisa. Nas pesquisas em geografia física, normalmente são inseridos nesse item a caracterização da área de estudos e os métodos, técnicas e critérios utilizados.

Síntese

Neste capítulo, apresentamos elementos para você conhecer um pouco mais a geografia física e suas aplicações. Na primeira parte, abordamos os diferentes tipos de sistema (aberto, fechado e isolado) e a natureza sistêmica da geografia física, em suas diferentes disciplinas: biogeografia, climatologia, geomorfologia, hidrogeografia e pedologia.

Posteriormente, discutimos a análise ambiental na geografia e como é possível realizar um recorte espacial para um estudo socioambiental utilizando-se o conceito de bacia hidrográfica. A pesquisa socioambiental na geografia considera a delimitação e a caracterização da área, o levantamento e a organização dos dados e também se utiliza com frequência de mapas temáticos, tanto para visualizar os resultados quanto para propor soluções ambientais.

Indicações culturais

Filmes

KISS the Ground: agricultura regenerativa. Direção: Joshua Tickell e Rebecca Harrell Tickell. Estados Unidos, 2020. 85 min.

Esse filme trata da importância de regenerar o solo por meio da agricultura regenerativa. O documentário mostra argumentos científicos e indica que a agricultura regenerativa é a saída para as mudanças climáticas.

RAPA Nui. Direção: Kevin Reynolds. Estados Unidos, 1994. 107 min.

O filme mostra a vida dos habitantes da Ilha de Páscoa no período pré-colonial e o modo como a população Rapa Nui se relacionava com o ambiente.

Atividades de autoavaliação

1. Assinale a opção que indica corretamente os ramos disciplinares dedicados ao estudo da biota, do solo e do clima, respectivamente:

   a) Biogeografia, pedologia e climatologia.
   b) Biogeografia, pedologia e hidrogeografia.
   c) Geomorfologia, pedologia e climatologia.
   d) Biogeografia, geomorfologia e climatologia.
   e) Física, pedologia e climatologia.

2. Sobre os estudos de geomorfologia e pedologia, assinale a opção correta:

   a) Com relação aos estudos ambientais, a geomorfologia pode ser útil nos estudos de risco e vulnerabilidade.
   b) A pedologia preocupa-se diretamente com o solo, e seus estudos podem ser usados no uso e ocupação do solo.
   c) Os ramos disciplinares da geomorfologia e da pedologia contribuem de forma pouco expressiva para os estudos ambientais, porque não tratam dos aspectos físicos.
   d) O papel do geógrafo não é estudar os aspectos do solo, já que há outras profissões especializadas nesse ramo, como a de zootecnista.
   e) O intemperismo não afeta a formação do solo, visto que a pedologia se orienta por questões geológicas e antropológicas.

3. Leia o trecho a seguir com atenção.

   Os aspectos fisionômico e estrutural das paisagens que se manifestam na natureza podem ser estudados por meio da biodiversidade e dos aspectos físicos.

Essa informação refere-se aos estudos de:

a) física.
b) biologia.
c) geomorfologia.
d) biogeografia.
e) Nenhuma das alternativas anteriores está correta.

4. Sobre a capacidade de regeneração, é correto afirmar:

a) Os seres humanos degradam o meio ambiente, mas a natureza tem o poder de regeneração, por isso o impacto ambiental se torna inexpressivo.
b) A regeneração da natureza não pode ser considerada em estudos de impacto de avaliação ambiental porque não interfere na avaliação.
c) A capacidade de regeneração da natureza só era considerada quando os seres humanos tinham vida nômade; hoje em dia, a natureza perdeu a capacidade de se regenerar.
d) A capacidade de regeneração da natureza requer a compreensão de seus ciclos naturais e o estudo dos fluxos de energia e matéria, para estimar a capacidade de recuperação de um sistema.
e) Nenhuma das alternativas anteriores está correta.

5. Assinale a alternativa que indica os estudos ambientais utilizados no Brasil de maneira mais completa e complexa:

a) Estudo de Impacto Ambiental (EIA) e Relatório de Impacto Ambiental (Rima).
b) Plano de Controle Ambiental (PCA).
c) Plano de Recuperação de Áreas Degradadas (Prad).
d) Relatório Ambiental Preliminar (RAP).
e) Nenhuma das alternativas anteriores está correta.

Atividades de aprendizagem

Questões para reflexão

1. Considerando os temas estudados neste capítulo, busque conhecer mais aspectos da legislação ambiental de seu município e acesse os portais indicados para consulta a informações. Acesse o *site* da Agência Nacional de Águas (ANA), disponível em <https://www.gov.br/ana/pt-br>, e descubra a qual comitê de bacias hidrográficas pertence o município onde você mora. Acesse o portal da Infraestrutura Nacional de Dados Espaciais (Inde), disponível em <https://inde.gov.br/>, e faça a aplicação de diferentes tipos de camadas de dados disponíveis.

2. Por que a utilização da bacia hidrográfica como limitação para estudos ambientais é útil em pesquisas?

Atividade aplicada: prática

1. Responda aos seguintes questionamentos
   a) Quais são as fases obrigatórias para um estudo de EIA-Rima?
   b) Cite as bases teóricas que ajudam a compreender a natureza como um grande sistema ambiental.
   c) Por que é importante delimitar a área de estudo?

Considerações finais

Conhecer as técnicas de pesquisa em geografia é um processo que envolve tempo e dedicação, pois são diversas as abordagens no âmbito da ciência geográfica. Nesta obra, buscamos apresentar elementos que permitam aos alunos ingressantes nos cursos de Geografia compreender melhor as informações necessárias para operacionalizar uma pesquisa em geografia, seja na geografia física, seja na geografia humana.

Também procuramos colaborar para que o estudante seja capaz de desenvolver pesquisas quantitativas e qualitativas. Para isso, abordamos algumas teorias que embasam os métodos da geografia e exploramos a influência das correntes dessa ciência no fazer científico, além de técnicas e ferramentas que possibilitam a obtenção de dados e informações que possam ser utilizados para observar e compreender melhor os objetos de estudo. O livro também visa auxiliar na rotina de trabalho dos bacharéis em Geografia, porque o passo a passo da pesquisa descrito aqui pode servir igualmente para a leitura da realidade de dados socioeconômicos, demográficos e ambientais.

Em se tratando de pesquisa científica, o livro serve como um guia de estudo das técnicas disponíveis e dos procedimentos metodológicos. Entretanto, é importante destacar que a orientação do professor orientador é primordial. Nossa intenção não era preencher completamente a lacuna da metodologia científica e do trabalho de conclusão de curso, mas apenas mostrar os caminhos possíveis. Obviamente, leituras complementares de investigação científica são bem-vindas para responder às questões e às dúvidas que, naturalmente, toda obra deixa ao longo do percurso. Afinal, a caminhada da pesquisa jamais tem fim. Sempre há novas possibilidades, novas descobertas e acontecimentos que interferem na realidade que está sendo analisada.

O grande diferencial desta obra foi trabalhar conjuntamente com a pesquisa na geografia física e na geografia humana, bem como com as abordagens qualitativa e quantitativa. Sabemos que é escassa a literatura que rompe com estruturas de conhecimento preestabelecidas. A obra abarca essa caminhada nesses dois percursos.

Procuramos, assim, modestamente, contribuir para que você, leitor, seja capaz de analisar sua realidade sob o viés das diferentes disciplinas enfocadas ao longo da obra. Acreditamos que as discussões aqui apresentadas promovem um despertar para a prática da pesquisa e da leitura crítica dos fatos e acontecimentos que envolvem a relação entre sociedade e natureza. Nosso propósito é tornar mais fácil e prática a aplicação dos conhecimentos exigidos nas experiências profissional e acadêmica.

No que diz respeito à prática profissional, buscamos, ao longo do livro, descrever e discutir elementos, indicadores, dados e variáveis que são comuns não apenas na rotina profissional como também entre as dúvidas de cidadãos que buscam aprender e fazer uma leitura crítica da realidade.

Por fim, esperamos que este livro possa servir para sua iniciação no mundo da pesquisa geográfica ou para a aplicabilidade profissional. Se for cumprida ao menos uma de nossas expectativas, já ficaremos eternamente satisfeitas por atingirmos nosso objetivo aqui.

Referências

AB'SABER, A. N. **Os domínios da natureza no Brasil**: potencialidade paisagísticas. São Paulo: Ateliê Editorial, 2003.

AGUIA – Agência USP de Gestão da Informação Acadêmica. **Seleção de revistas para publicação**: Periódicos Qualis CAPES. Disponível em: <https://www.aguia.usp.br/apoio-pesquisador/escrita-publicacao-cientifica/selecao-revistas-publicacao/qualis-periodicos/?doing_wp_cron=1597554143.6519560813903808593750>. Acesso em: 21 jan. 2022.

ALVES, F. D.; PICCOLI NETO, D. O legado teórico-metodológico de Karl Ritter: contribuições para a sistematização da geografia. **Geo UERJ**, ano 11, v. 3, n. 20, p. 48-63, 2009. Disponível em: <https://www.e-publicacoes.uerj.br/index.php/geouerj/article/view/1428/1206>. Acesso em: 21 jan. 2022.

ANTUNES, E. M. **Estudo sobre a faixa de fronteira do Brasil**. Boa Vista, RR: Ed. da UFRR, 2009.

ANTUNES, E. M. **A faixa de fronteira brasileira sob o contexto da integração econômica**. 215 f. Tese (Doutorado em Geografia) – Universidade Federal do Paraná, Curitiba, 2015. Disponível em: <https://acervodigital.ufpr.br/bitstream/handle/1884/41348/R%20-%20T%20-%20ELOISA%20MAIESKI%20ANTUNES.pdf?sequence=2>. Acesso em: 21 jan. 2022.

ANTUNES, E. M. **Fronteiras do Brasil**: a transição de paradigma da faixa de fronteira brasileira sob o contexto da integração econômica. Letônia: Novas Edições Acadêmicas, 2018.

ARARAQUARA. Prefeitura Municipal. Secretaria Municipal de Meio Ambiente de Sustentabilidade. Disponível em: <https://www.araraquara.sp.gov.br/governo/secretarias/meioambiente>. Acesso em: 21 jan. 2022.

BACHELARD, G. **A formação do espírito científico**: contribuição para uma psicanálise do conhecimento. Rio de Janeiro: Contraponto, 1996.

BARBETTA, P. A. **Estatística aplicada às ciências sociais**. 7. ed. Florianópolis: Ed. da UFSC, 2011.

BARROS, M. V. G.; REIS, R. S. **Análise de dados em atividade física e saúde**: demostrando a utilização do SPSS. Londrina: Midiograf, 2003.

BÉGUIN, M.; PUMAIN, D. **La représentation des données géographiques**: statistique et cartographie. Paris: Armand Collin, 2012.

BERTALANFFY, K. L. **Teoria geral dos sistemas**: fundamentos, desenvolvimento e aplicações. 5. ed. Petrópolis: Vozes, 2010.

BEZERRA, K. Filosofia de Merleau-Ponty. **Estudo Prático**, 16 set. 2015. Disponível em: <https://www.estudopratico.com.br/filosofia-de-merleau-ponty/>. Acesso em: 31 jan. 2022.

BORGES, J. de A. Os enfoques e os olhares do geógrafo: uma abordagem metodológica sobre método, metodologia e técnicas de pesquisa. **Observatorium: Revista Eletrônica de Geografia**, v. 7, n. 19, p. 2-21, 2016. Disponível em: <http://www.observatorium.ig.ufu.br/pdfs/7edicao/n19/Art.1.pdf>. Acesso em: 21 jan. 2022.

BRANCO, S. M. **Ecossistêmica**: uma abordagem integrada dos problemas do meio ambiente. São Paulo: E. Blücher, 1989.

BRASIL. Conselho Nacional de Desenvolvimento Científico e Tecnológico. **O CNPq**. Disponível em: <http://memoria.cnpq.br/o-cnpq>. Acesso em: 21 jan. 2022a.

BRASIL. Decreto n. 89.817, de 20 de junho de 1984. **Diário Oficial da União**, Poder Executivo, Brasília, DF, 22 jun. 1984. Disponível em: <http://www.planalto.gov.br/ccivil_03/decreto/1980-1989/d89817.htm#:~:text=DISPOSI%C3%87%C3%95ES%20INICIAIS,Normas%20T%C3%A9cnicas%20da%20Cartografia%20Nacional.>. Acesso em: 21 jan. 2022.

BRASIL. Governo do Brasil. **Cadastrar-se no Currículo Lattes**. 29 abr. 2022b. Disponível em: <https://www.gov.br/pt-br/servicos/cadastrar-se-no-curriculo-lattes>. Acesso em: 21 jan. 2022.

BRASIL. Governo do Brasil. **PIB do Brasil cresce 1,2%**. 1º jun. 2021. Disponível em: <https://www.gov.br/pt-br/noticias/financas-impostos-e-gestao-publica/2021/06/pib-do-brasil-cresce-1-2>. Acesso em: 8 fev. 2022.

BRASIL. Ministério do Meio Ambiente. Conselho Nacional do Meio Ambiente. Resolução n. 1, de 23 de janeiro de 1986. **Diário Oficial da União**, Brasília, DF, 17 fev. 1986. Disponível em: <http://www.ibama.gov.br/sophia/cnia/legislacao/MMA/RE0001-230186.PDF>. Acesso em: 8 fev. 2022.

BARROS, M. V. G.; REIS, R. S. **Análise de dados em atividade física e saúde**: demostrando a utilização do SPSS. Londrina: Midiograf, 2003.

CARDOSO, L. B. de A. A formação da consciência em Hegel: um estudo a partir da fenomenologia do espírito. In: ENCONTRO DA ASSOCIAÇÃO NACIONAL DE PÓS-GRADUAÇÃO EM FILOSOFIA, 17., 2016, Aracaju. **Anais**... Aracaju: Anpof, 2016. Disponível em: <http://anpof.org/portal/index.php/en/agenda-encontro-2018/user-item/475-sergiomariz/495-categoriaagenda2016/11849-a-formacao-da-consciencia-em-hegel-um-estudo-a-partir-da-fenomenologia-do-espirito>. Acesso em: 8 fev. 2022.

CARVALHO, H. Análise de causa raiz: diagrama de dispersão. **Vida de Produto**, 30 set. 2020. Disponível em: <https://vidadeproduto.com.br/diagrama-de-dispersao/>. Acesso em: 27 jan. 2022.

CAUS, F. R.; LEME, R. C. B. Alexander von Humboldt: um novo panorama da América e as contribuições através da concepção de natureza. **Revista Perspectiva Geográfica**, Marechal Cândido Rondon, v. 9, n. 10, 2014. Disponível em: <http://e-revista.unioeste.br/index.php/pgeografica/article/view/10080/7551>. Acesso em: 21 jan. 2022.

CLAVAL, P. C. C. Geografia cultural: um balanço. **Revista Geografia**, Londrina, v. 20, n. 3, p. 5-24, set./dez. 2011. Disponível em: <http://www.uel.br/revistas/uel/index.php/geografia/article/view/14160/11911>. Acesso em: 26 jan. 2022.

CLAVAL, P. **Epistemologia da geografia**. 2. ed. Florianópolis: Ed. da UFSC, 2014.

CORRÊA, R. L. Carl Sauer e Denis Cosgrove: a paisagem e o passado. **Espaço Aberto**, v. 4, n. 1, p. 37-46, 2014. Disponível em: <https://revistas.ufrj.br/index.php/EspacoAberto/article/viewFile/2431/2077>. Acesso em: 21 jan. 2022.

CUNHA, L. H.; COELHO, M. C. N. Política e gestão ambiental. In: CUNHA, S. B.; GUERRA, A. J. T. (Org.). **A questão ambiental**: diferentes abordagens. Rio de Janeiro: Bertrand Brasil, 2005. p. 43-79.

DANTAS, A.; MEDEIROS, T. H. de L. **Introdução à ciência geográfica**. Natal: EDUFRN, 2011.

FOX, J.; LEVIN, J. A. **Estatísticas para ciências humanas**. 9. ed. São Paulo: Pearson Prentice Hall, 2004.

FRAZÃO, D. **Biografia de Karl Marx**. eBiografia. 2019a. Disponível em: <https://www.ebiografia.com/karl_marx/>. Acesso em: 21 jan. 2022.

FRAZÃO, D. **Biografia de Friedrich Engels**. eBiografia. 2019b. Disponível em: <https://www.ebiografia.com/friedrich_engels/>. Acesso em: 21 jan. 2022.

GOMES, P. C. da C. **Geografia e modernidade**. Rio de Janeiro: Bertrand Brasil, 2007.

GRATÃO, L. H. B.; MARANDOLA JR, E. Do sonho à memória: Lívia de Oliveira e a geografia humanista no Brasil. **Revista Geografia**, Londrina, v. 12, n. 2, p. 5-19, 2003. Disponível em: <http://www.uel.br/revistas/uel/index.php/geografia/article/viewFile/6668/6015>. Acesso em: 26 jan. 2022.

GUEDES, I. C. **Método fenomenológico**: a fenomenologia de Husserl. Fenomenologia na pesquisa científica. 22 ago. 2016. Disponível em: <https://www.icguedes.pro.br/metodo-fenomenologia/>. Acesso em: 8 fev. 2022.

HEIDRICH, A. L. Método e metodologias na pesquisa das geografias com cultura e sociedade. In: HEIDRICH, A. L.; PIRES, C. L. Z. (Org.). **Abordagens e práticas da pesquisa qualitativa em Geografia e saberes sobre espaço e cultura**. Porto Alegre: Ed. Letra1, 2016. p. 15-33. Disponível em: <https://lume.ufrgs.br/bitstream/handle/10183/149928/001007747.pdf?sequence=1&isAllowed=y>. Acesso em: 26 jan. 2022.

HUSSERL, E. **Husserl**: vida e obra. São Paulo: Nova Cultural, 2000. (Coleção Os Pensadores).

HETTNER, A. A geografia como ciência corológica da superfície terrestre [Die Geographie als chorologische Wissenschaft der Erdoberfläche]. **GEOgraphia**, Rio de Janeiro, v. 13, n. 25, p.136-152, 2012. Disponível em: <https://doi.org/10.22409/GEOgraphia2011.v13i25.a13619>. Acesso em: 26 jan. 2022.

IBICT – Instituto Brasileiro de Informação em Ciência e Tecnologia. **Centro Brasileiro do ISSN**: sobre o ISSN. Disponível em: <http://sitehistorico.ibict.br/informacao-para-ciencia-tecnologia-e-inovacao%20/centro-brasileiro-do-issn>. Acesso em: 1º fev. 2022.

IBGE – Instituto Brasileiro de Geografia e Estatística. Características gerais dos domicílios e dos moradores 2017. **Pesquisa Nacional por Amostra de Domicílios Contínua – Pnad Contínua**, 2018a. Informativo. Disponível em: <https://biblioteca.ibge.gov.br/visualizacao/livros/liv101566_informativo.pdf>. Acesso em: 25 jan. 2022.

IBGE – Instituto Brasileiro de Geografia e Estatística. **Censo 2010**: guia do Censo – conceituação. Disponível em: <https://censo2010.ibge.gov.br/materiais/guia-do-censo/conceituacao.html>. Acesso em: 25 jan. 2022a.

IBGE – Instituto Brasileiro de Geografia e Estatística. **Censo Demográfico 1940-2010**: até 1970 dados extraídos de Estatísticas do século XX. Rio de Janeiro: IBGE, 2007.

IBGE – Instituto Brasileiro de Geografia e Estatística. Comissão Nacional de Classificação. **CNAE**. Disponível em: <https://cnae.ibge.gov.br/>. Acesso em: 26 jan. 2022b.

IBGE – Instituto Brasileiro de Geografia e Estatística. Comissão Nacional de Classificação. **Introdução à Classificação Nacional de Atividades Econômicas (CNAE)**: versão 2.0. Disponível em: <https://concla.ibge.gov.br/images/concla/documentacao/CNAE20_Introducao.pdf>. Acesso em: 6 jun. 2022c.

IBGE – Instituto Brasileiro de Geografia e Estatística. Comitê de Estatísticas Sociais. Censo Demográfico. **Censo Demográfico**. Disponível em: <https://ces.ibge.gov.br/apresentacao/portarias/200-comite-de-estatisticas-sociais/base-de-dados/1146-censo-demografico.html#:~:text=O%20Censo%20Demogr%C3%A1fico%20tem%20por,ou%20de%20qualquer%20n%C3%ADvel%20de>. Acesso em: 25 jan. 2022d.

IBGE – Instituto Brasileiro de Geografia e Estatística. Diretoria de Pesquisas. **Diretoria de pesquisas**: estrutura e atribuições. Rio de Janeiro, 2006. Disponível em: <https://biblioteca.ibge.gov.br/index.php/biblioteca-catalogo?view=detalhes&id=282934>. Acesso em: 6 jun. 2022.

IBGE – Instituto Brasileiro de Geografia e Estatística. Diretoria de Pesquisas e Inquéritos. Departamento de Contas Nacionais. **Matriz de relações intersetoriais**: Brasil 1975. Rio de Janeiro, 1987. Disponível em: <https://biblioteca.ibge.gov.br/index.php/biblioteca-catalogo?view=detalhes&id=234211>. Acesso em: 6 jun. 2022.

IBGE – Instituto Brasileiro de Geografia e Estatística. **Estatísticas de gênero**. Notas técnicas. Disponível em: <https://www.ibge.gov.br/apps/snig/v1/notas_metodologicas.html?loc=0>. Acesso em: 25 jan. 2022e.

IBGE – Instituto Brasileiro de Geografia e Estatística. Estatísticas de gênero: indicadores sociais das mulheres no Brasil. **Estudos e Pesquisas – Informação Demográfica e Socioeconômica**, n. 38, 8 jun. 2018b. Disponível em: <https://biblioteca.ibge.gov.br/visualizacao/livros/liv101551_informativo.pdf>. Acesso em: 24 jan. 2022.

IBGE – Instituto Brasileiro de Geografia e Estatística. **Estimativas da população residente no Brasil e unidades da Federação com data de referência em 1º de julho de 2019**. 2019. Disponível em: <https://ftp.ibge.gov.br/Estimativas_de_Populacao/Estimativas_2019/estimativa_dou_2019.pdf>. Acesso em: 25 jan. 2022.

IBGE – Instituto Brasileiro de Geografia e Estatística. IBGE Explica. **Inflação**. Disponível em: <https://www.ibge.gov.br/explica/inflacao.php>. Acesso em: 6 jun. 2022f.

IBGE – Instituto Brasileiro de Geografia e Estatística. Novo Sidra permite consultar facilmente dados de estudos e pesquisas do IBGE também em dispositivos móveis. **Agência IBGE Notícias**, 25 maio 2017a. Disponível em: <https://agenciadenoticias.ibge.gov.br/agencia-sala-de-imprensa/2013-agencia-de-noticias/releases/9481-novo-sidra-permite-consultar-facilmente-dados-de-estudos-e-pesquisas-do-ibge-tambem-em-dispositivos-moveis>. Acesso em: 25 jan. 2022.

IBGE – Instituto Brasileiro de Geografia e Estatística. Países. Disponível em: <https://paises.ibge.gov.br/#/mapa/comparar/brasil?indicador=77849&tema=5&ano=2020>. Acesso em: 1º fev. 2021.

IBGE – Instituto Brasileiro de Geografia e Estatística. **Política de Segurança da Informação e Comunicações do IBGE 2017-2018**. Rio de Janeiro, 2017b. Disponível em: <https://www.ibge.gov.br/np_download/novoportal/documentos_institucionais/Politica_de_Seguranca_da_Informacao_e_Comunicacoes_2017_2018.pdf>. Acesso em: 25 fev. 2022.

IBGE – Instituto Brasileiro de Geografia e Estatística. **Relatório do Grupo de Segurança das Informações Estatísticas**: Pesquisas conjunturais – elaboração e disseminação. Rio de Janeiro, 2014. Disponível em: <https://biblioteca.ibge.gov.br/index.php/biblioteca-catalogo?view=detalhes&id=297995>. Acesso em: 6 jun. 2022.

IBGE – Instituto Brasileiro de Geografia e Estatística. Respondendo ao IBGE. **Você foi procurado pelo IBGE?**: legislação Disponível em: <https://respondendo.ibge.gov.br/voce-foi-procurado-pelo-ibge/legislacao.html#:~:text=Elas%20ser%C3%A3o%20usadas%20exclusivamente%20para,p%C3%BAblico%2Dalvo%20de%20suas%20pesquisas>. Acesso em 25 jan. 2022g.

IBGE – Instituto Brasileiro de Geografia e Estatística. Respondendo ao IBGE. **Você foi procurado pelo IBGE?**: para que servem as pesquisas do IBGE. Disponível em: <https://respondendo.ibge.gov.br/voce-foi-procurado-pelo-ibge/para-que-servem-as-pesquisas-do-ibge.html>. Acesso em: 6 jun. 2022h.

IBGE – Instituto Brasileiro de Geografia e Estatística. Séries Históricas e Estatísticas. **Temas e subtemas**: população e demografia – dinâmica demográfica – taxa de fecundidade total. Disponível em: <https://seriesestatisticas.ibge.gov.br/series.aspx?no=10&op=0&vcodigo=POP263&t=taxa-fecundidade-total>. Acesso em: 25 jan. 2022i.

IBGE – Instituto Brasileiro de Geografia e Estatística. Séries Históricas e Estatísticas. **Temas e subtemas**: população e demografia – dinâmica demográfica – taxa bruta de mortalidade. Disponível em: <https://seriesestatisticas.ibge.gov.br/series.aspx?no=10&op=0&vcodigo=POP261&t=taxa-bruta-mortalidade>. Acesso em: 25 jan. 2022j.

IBGE – Instituto Brasileiro de Geografia e Estatística. Séries Históricas e Estatísticas. **Temas e subtemas**: população e demografia – indicadores demográficos – taxa de urbanização. Disponível em: <https://seriesestatisticas.ibge.gov.br/series.aspx?no=10&op=0&vcodigo=POP122&t=taxa-urbanizacao>. Acesso em: 25 jan. 2022k.

IBGE – Instituto Brasileiro de Geografia e Estatística. **Sinopse do Censo Demográfico 2010**. Disponível em: <https://censo2010.ibge.gov.br/sinopse/index.php>. Acesso em: 25 jan. 2022l.

IBGE – Instituto Brasileiro de Geografia e Estatística. Sistema de Contas Nacionais: Brasil 2015. **Contas Nacionais**, n. 56, Rio de Janeiro, 2017c. Disponível em: <https://biblioteca.ibge.gov.br/visualizacao/livros/liv101289_notas_tecnicas.pdf>. Acesso em: 8 fev. 2022.

INSIGHT. In: **Dicio – Dicionário Online de Português**. Disponível em: <https://www.dicio.com.br/insight/>. Acesso em: 26 jan. 2022.

LAKATOS, E. M.; MARCONI, M. de A. **Fundamentos de metodologia científica**. 5. ed. São Paulo: Atlas, 2003.

LAKATOS, E. M.; MARCONI, M. de A. **Metodologia do trabalho científico**: procedimentos básicos, pesquisa bibliográfica, projeto e relatório, publicações e trabalhos científicos. 6. ed. São Paulo: Atlas, 2001.

LAKATOS, E. M.; MARCONI, M. de A. **Técnicas de pesquisa**. 7. ed. São Paulo: Atlas, 2015.

LEFF, E. **Epistemologia ambiental**. São Paulo: Cortez, 2006.

LOPES, A. C. Teorias pós-críticas, política e currículo. Dossier Temático: Configurações da investigação educacional no Brasil. **Educação, Sociedade & Culturas**, n. 39. p. 7-23, 2013. Disponível em: <https://www.fpce.up.pt/ciie/sites/default/files/02.AliceLopes.pdf>. Acesso em: 26 jan. 2022.

LOURENÇO, G. M.; ROMERO, M. Indicadores econômicos. In: MENDES, J. T. G. (Coord.). **Economia empresarial**. Curitiba: Associação Franciscana Senhor Bom Jesus, 2002. p. 27-41. (Coleção Gestão Empresarial, v. 1).

MADRIGAL, A. O exercício da cidadania no desenvolvimento da sociedade. **Revista Jus Navigandi**, Teresina, ano 21, n. 4673, 17 abr. 2016. Disponível em: <https://jus.com.br/artigos/48124>. Acesso em: 26 jan. 2022.

MASSEY, D. **Pelo espaço**: uma nova política da espacialidade. Rio de Janeiro: Bertrand Brasil, 2005.

MASSI, L. **Contribuições da iniciação científica na apropriação da linguagem científica por alunos de graduação em Química**. 227 f. Dissertação (Mestrado em Ciências – Química Aanlítica) – Instituto de Química de São Carlos, Universidade de São Paulo, São Carlos, 2008.

MENEZES, P. M. L. de.; FERNANDES, M. do C. **Roteiro de cartografia**. São Paulo: Oficina de Textos, 2013.

MILONE, G. **Estatística**: geral e aplicada. São Paulo: Thomson, 2004.

MONTEIRO, C. A. de F. **O físico da geografia**: mensageiros e portadores. Fundação Cearense de Meteorologia e Recursos Hídricos – Funceme. Fortaleza: Multigraf, 1995.

NEVES, C. E. das. et al. A importância dos geossistemas na pesquisa geográfica: uma análise a partir da correlação com o ecossistema. **Sociedade & Natureza**, v. 26, n. 2, p. 271-285, 2014. Disponível em: <http://www.scielo.br/scielo.php?script=sci_arttext&pid=S1982-45132014000200271&lng=en&nrm=iso>. Acesso em: 8 fev. 2022.

OLIVEIRA, C. de. **Dicionário cartográfico**. 4. ed. Rio de Janeiro: IBGE, 1993.

PAIVA, C. et al. **Publicação crítica do recenseamento geral do Império do Brasil de 1872**. Minas Gerais: NPHED, 2012. Disponível em: <http://www.nphed.cedeplar.ufmg.br/wp-content/uploads/2017/05/NPHED-Relat%C3%B3rio-cr%C3%ADtico-do-censo-de-1872.pdf>. Acesso em: 8 fev. 2022.

PAQUOT, T. Redécouvrir Henri Lefebvre. **Rue Descartes**, v. 1, n. 63, p. 8-16, 2009. Disponível em: <https://www.cairn.info/revue-rue-descartes-2009-1-page-8.htm>. Acesso em: 21 jan. 2022.

PEREIRA, C. J.; FERNANDES, D. Cultura e dimensões do viver em Yi-Fu Tuan: algumas aproximações geográficas. **Revista RA'E GA**, Curitiba, v. 22, p. 53-73, 2011. Disponível em: <https://revistas.ufpr.br/raega/article/view/21758>. Acesso em: 21 jan. 2022.

PUC GOIÁS – Pontifícia Universidade Católica de Goiás. Comitê de Pesquisa em Ética. **Apresentação**. Disponível em: <https://sites.pucgoias.edu.br/puc/cep/apresentacao/>. Acesso em: 21 jan. 2022.

PUMAIN, D.; SAINT JULIEN, T. **L'analyse spatiale**: localisations dans l'espace. Paris: Armand Colin, 2010.

QUALITATIVO. In: **Dicio – Dicionário Online de Português**. Disponível em: <https://www.dicio.com.br/qualitativo/>. Acesso em: 21 jan. 2022.

QUANTITATIVO. In: **Dicio – Dicionário Online de Português**. Disponível em: <https://www.dicio.com.br/quantitativo/>. Acesso em: 21 jan. 2022.

REALE, G. **História da filosofia**: do romantismo até nossos dias. São Paulo: Paulus, 2007. v. 3.

ROCHA, E. A Constituição Cidadã e a institucionalização dos espaços na participação social: avanços e desafios. In: VAZ, F. T.; MUSSE, J. S.; SANTOS, R. F. (Coord.). **20 anos da Constituição Cidadã**: avaliação e desafio da seguridade social. Brasília: Anfip, 2008. p. 131-148. Disponível em: <https://www.ipea.gov.br/participacao/images/pdfs/participacao/outras_pesquisas/a%20constituio%20cidad%20e%20a%20institucionalizao%20dos%20espaos%20de%20participao%20social.pdf>. Acesso em: 27 jan. 2022.

ROSS, J. L. S. **Ecogeografia do Brasil**: subsídios para planejamento ambiental. São Paulo: Oficina de textos, 2006.

SÁNCHEZ, L. E. **Avaliação de impacto ambiental**: conceitos e métodos. 2. ed. São Paulo: Oficina de Textos, 2013.

SANTOS, A. R. dos. **Apostila de Elementos da Cartografia**. Espírito Santo: Departamento de Engenharia Rural, 2013. Disponível em: <http://www.mundogeomatica.com.br/EC/ApostilaTeoricaEC/Apostila_Elementos-Cartografia.pdf>. Acesso em: 27 jan. 2022.

SENRA, N. de C. (Coord.). **O Censo entra em campo**: o IBGE e a história dos Recenseamentos Agropecuários. Rio de Janeiro: IBGE, 2014. Disponível em: <https://biblioteca.ibge.gov.br/visualizacao/livros/liv91157.pdf>. Acesso em: 24 jan. 2022.

SIDRA – Sistema IBGE de Recuperação Automática. Disponível em: <https://sidra.ibge.gov.br/>. Acesso em: 24 jan. 2022.

SCHÜTZ, R. E. **Etimologia**. 20 fev. 2018. Disponível em: <https://www.sk.com.br/sk-hist.html>. Acesso em: 21 jan. 2022.

SOUZA JÚNIOR, X. S. de S. de. A análise do discurso como estratégia da identificação das intencionalidades e práticas espaciais dos movimentos sociais urbanos de João Pessoa-PB. In: RAMIRES, J. C. de L.; PESSÔA, V. L. S. (Org.). **Geografia e pesquisa qualitativa**: nas trilhas da investigação. Uberlândia: Assis Editora, 2009. p. 25-47.

SOUZA, E. B. C. de. Sociedade e natureza perspectivas no contexto geográfico do pós-guerra. **Educere – Revista da Educação**, v. 2, n. 2, p. 183-190, 2002.

TESSER, G. J. Principais linhas epistemológicas contemporâneas. **Educar**, Curitiba, n. 10, p. 91-98, 1995. Disponível em: <http://www.scielo.br/scielo.php?script=sci_arttext&pid=S0104-40601994000100012&lng=en&nrm=iso>. Acesso em: 24 jan. 2022.

THÉRY, H.; MELLO, N. A. **Atlas do Brasil**: disparidades e dinâmicas do território. São Paulo: Edusp, 2008. v.1.

VALLE, I. C.; FRANCELINO, M. R.; PINHEIRO, H. S. K. Mapeamento da fragilidade ambiental na Bacia do Rio Aldeia Velha, RJ. **Floresta e Ambiente**, v. 23, n. 2, p. 295-308, 2016. Disponível em: <http://www.scielo.br/scielo.php?script=sci_arttext&pid=S2179-80872016000200295&lng=en&nrm=iso>. Acesso em: 27 jan. 2022.

VENTURI, L. A. B. **Debutantes**: guia prático e emergencial para os que estão às voltas com projetos de pesquisas científicas. São Paulo: Ed. da USP, 2008.

VIEIRA, S. **Elementos de estatística**. 4. ed. São Paulo, SP: Atlas, 2003.

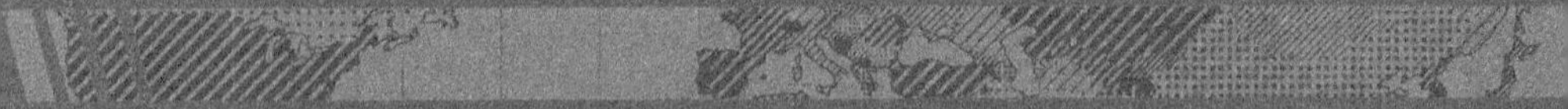

Bibliografia comentada

ROGERSON, P. A. **Métodos estatísticos para geografia**: um guia para o estudante. 3. ed. Porto Alegre: Bookman, 2012.

Esse livro é uma introdução abrangente aos principais métodos e técnicas de que os estudantes necessitam para aprender estatística. É uma obra escrita especificamente para alunos de Geografia e de cursos afins, utilizando exemplos espaciais e geográficos.

SOUZA, M. L. de. **Os conceitos fundamentais da pesquisa sócio-espacial**. 3. ed. Rio de Janeiro: Bertrand Brasil, 2016.

Nessa obra, o autor reúne diversos temas necessários à análise socioespacial. Nela estão contemplados importantes fundamentos para o estudante conhecer mais sobre os conceitos-chave da geografia, alicerçado no objeto que busca compreender, utilizando-se, para isso, "uma dialética sem fim", nas palavras do próprio autor.

ALVES, A. R.; ANTUNES, E. M. **Geografia industrial**. Curitiba: InterSaberes, 2019.

Ao introduzir o leitor na geografia industrial, essa obra discute também alguns aspectos da geografia econômica. Assim, apresenta procedimentos metodológicos utilizados na pesquisa em geografia industrial e discute as principais teorias dessa área. Ademais, discorre sobre o desenvolvimento industrial dos Tigres Asiáticos e da China e analisa a importância da logística no contexto do desenvolvimento industrial.

MENDONÇA, F. **Geografia e meio ambiente**. São Paulo: Contexto, 1998.

Essa obra aborda elementos para a reflexão acerca da questão ambiental na geografia e apresenta uma discussão teórica e metodológica da geografia aplicada aos estudos ambientais. Além de o autor ser grande referência nos estudos da área de geografia física, ele enfoca valiosos conceitos e discussões sobre como fazer geografia na área ambiental, demonstrando um posicionamento profissional aos demais colegas de profissão.

SÁNCHEZ, L. E. **Avaliação de impacto ambiental**: conceitos e métodos. 2. ed. São Paulo: Oficina de Textos, 2013.

Trata-se de leitura obrigatória para quem quer se destacar como pesquisador na área de avaliação de impacto ambiental. Esse livro traz um guia passo a passo de como é possível fazer avaliação de impacto ambiental para diversos empreendimentos. Os estudos de impacto ambiental são apenas uma das formas de avaliar, e Luis Enrique Sánchez tem uma grande experiência prática que pode contribuir para o direcionamento de profissionais que queiram ingressar nessa área tão importante.

LAKATOS, E. M.; MARCONI, M. de A. **Metodologia do trabalho científico**: procedimentos básicos, pesquisa bibliográfica, projeto e relatório, publicações e trabalhos científicos. 6. ed. São Paulo: Atlas, 2001.

Nessa obra, as autoras fazem uma introdução à metodologia do trabalho científico. São abordadas diferentes etapas e tipos de trabalhos científicos. A obra mostra como deve ser realizada a elaboração de pesquisa bibliográfica, resumos, fichamentos, seminários e análises textuais, bem como a apresentação de atividades do investigador e a formatação correta de referências, citações e materiais gráficos. É um livro imprescindível para alunos de graduação e de pós-graduação.

FREIRE-MAIA, N. **A ciência por dentro**. 6. ed. Petrópolis: Vozes, 2000.

Esse livro aborda problemas científicos de alto nível em uma linguagem acessível ao público leigo, tratando principalmente da filosofia da ciência. O autor recorre à análise minuciosa dos problemas do desenvolvimento científico brasileiro, apresentando uma visão geral do progresso da ciência.

HEIDRICH, A. L.; PIRES, C. L. Z. (Org.). **Abordagens e práticas da pesquisa qualitativa em geografia e saberes sobre espaço e cultura**. Porto Alegre: Editora Letra1, 2016.

Nessa obra, são apresentados textos de diversos autores que exploram os métodos e as metodologias da pesquisa qualitativa em geografia. O livro está estruturado na seguinte sequência temática: cartografia e narrativas; etnografia e redes territoriais; percorrer, ver e escutar em campo; e decifrar e falar.

LAKATOS, E. M.; MARCONI, M. de A. **Técnicas de pesquisa**. 7. ed. São Paulo: Atlas, 2015.

As autoras realizam uma sistematização de diversas técnicas de pesquisa, desde o planejamento, a execução e as amostragens até a elaboração, a análise e a interpretação de dados, conteúdos que podem ser aplicados em diversas áreas do conhecimento.

Lista de siglas

AMS – Pesquisa de Assistência Médico-Sanitária
ANA – Agência Nacional de Águas
Bacen – Banco Central do Brasil
Capes – Coordenação de Aperfeiçoamento de Pessoal de Nível Superior
Cempre – Cadastro Central de Empresas
CEP – Comitê de Ética em Pesquisa
CMN – Conselho Monetário Nacional
CNPq – Conselho Nacional de Desenvolvimento Científico e Tecnológico
CNAE – Classificação Nacional das Atividades Econômicas
Conama – Conselho Nacional do Meio Ambiente
DGE – Diretoria Geral de Estatística
EIA – Estudo de Impacto Ambiental
Estadic – Pesquisa de Informações Básicas Estaduais
FC – Formação científica
FGV – Fundação Getulio Vargas
IAP – Investigação ação participativa
IBGE – Instituto Brasileiro de Geografia e Estatística
IC – Iniciação científica
IES – Instituição de ensino superior
Inde – Infraestrutura Nacional de Dados Espaciais
INPC – Índice Nacional de Preços ao Consumidor
IPCA – Índice Nacional de Preços ao Consumidor Amplo
Ipea – Instituto de Pesquisa Econômica Aplicada
MEC – Ministério da Educação
Mercosul – Mercado Comum do Sul
MTE – Ministério do Trabalho e Emprego

Munic – Pesquisa de Informações Básicas Municipais
ONU – Organização das Nações Unidas
PAC – Pesquisa Anual de Comércio
Paic – Pesquisa Anual da Indústria da Construção
PAM – Produção Agrícola Municipal
PAS – Pesquisa Anual de Serviços
PC – Programa de Comparação Internacional
PCA – Plano de Controle Ambiental
Pcerp – Pesquisa das Características Étnico-Raciais da População
PeNSE – Pesquisa Nacional de Saúde do Escolar
Pevs – Produção da Extração Vegetal e da Silvicultura
PIA – Pesquisa Industrial Anual
PIB – Produto Interno Bruto
Pieef – Pesquisa de Inovação nas Empresas Estatais Federais
Pimes – Pesquisa Industrial Mensal de Emprego e Salário
PIM-PF – Pesquisa Industrial Mensal – Produção Física
Pintec – Pesquisa de Inovação
PMC – Pesquisa Mensal de Comércio
PME – Pesquisa Mensal de Emprego
PMS – Pesquisa Mensal de Serviços
Pnad – Pesquisa Nacional por Amostra de Domicílios
Pnad Contínua – Pesquisa Nacional por Amostra de Domicílios Contínua
PNS – Pesquisa Nacional de Saúde
PNSB – Pesquisa Nacional de Saneamento Básico
POF – Pesquisa de Orçamentos Familiares
POG – Produção de Ovos de Galinha
PoSIC – Política de Segurança da Informação e Comunicações
PPM – Pesquisa da Pecuária Municipal
Prad – Plano de Recuperação de Áreas Degradadas
PSH – Pesquisa de Serviços de Hospedagem

PSPP – Pesquisa de Serviços de Publicidade e Promoção
PSTI – Pesquisa de Serviços de Tecnologia da Informação
RAP – Relatório Ambiental Preliminar
RCA – Relatório de Controle Ambiental
Rima – Relatório de Impacto Ambiental
SEN – Sistema Estatístico Nacional
Sidra – Sistema IBGE de Recuperação Automática
SIG – Sistema de Informação Geográfica
SNIPC – Sistema Nacional de Índices de Preços ao Consumidor
TI – Tecnologia da informação
UNSD – Comissão de Estatística das Nações Unidas
WebGIS – Web Geographical Information System

Anexo

Quadro A – Periódicos científicos da geografia – Qualis Capes – A1

ISSN[i]	Título
0167-8809	AGRICULTURE, ECOSYSTEMS & ENVIRONMENT (PRINT)
1777-5884	ANNALES DE GÉOGRAPHIE (PARIS)
2469-4460	ANNALS OF THE AMERICAN ASSOCIATION OF GEOGRAPHERS
0004-5608	ANNALS OF THE ASSOCIATION OF AMERICAN GEOGRAPHERS
0143-6228	APPLIED GEOGRAPHY (SEVENOAKS)
0969-8043	APPLIED RADIATION AND ISOTOPES
1680-7324	ATMOSPHERIC CHEMISTRY AND PHYSICS (ONLINE)
1352-2310	ATMOSPHERIC ENVIRONMENT (1994)
0169-8095	ATMOSPHERIC RESEARCH (PRINT)
0960-3115	BIODIVERSITY AND CONSERVATION
1726-4170	BIOGEOSCIENCES (KATLENBURG-LINDAU. PRINT)
0006-3606	BIOTROPICA (LAWRENCE, KS)
0101-708X	BOLETIM GOIANO DE GEOGRAFIA
1984-8501	BOLETIM GOIANO DE GEOGRAFIA (ONLINE)
0341-8162	CATENA (CREMLINGEN)
0264-2751	CITIES

(continua)

i. ISSN *(International Standard Serial Number)*: "sigla em inglês para Número Internacional Normalizado para Publicações Seriadas, é o código aceito internacionalmente para individualizar o título de uma publicação seriada. Esse número se torna único e exclusivo do título da publicação ao qual foi atribuído" (Ibict, 2022).

(continuação)

ISSN	Título
1360-4813	CITY (LONDON. 1995)
0930-7575	CLIMATE DYNAMICS
0165-0009	CLIMATIC CHANGE
1755-263X	CONSERVATION LETTERS
0197-9337	EARTH SURFACE PROCESSES AND LANDFORMS (PRINT)
0012-8252	EARTH-SCIENCE REVIEWS
1936-0592	ECOHYDROLOGY
0925-8574	ECOLOGICAL ENGINEERING
1470-160X	ECOLOGICAL INDICATORS
1708-3087	ECOLOGY AND SOCIETY: A JOURNAL OF INTEGRATIVE SCIENCE FOR RESILIENCE AND SUSTAINABILITY
1432-9840	ECOSYSTEMS (NEW YORK. PRINT)
0308-518X	ENVIRONMENT & PLANNING A (PRINT)
1866-6299	ENVIRONMENTAL EARTH SCIENCES (INTERNET)
1866-6280	ENVIRONMENTAL EARTH SCIENCES (PRINT)
0195-9255	ENVIRONMENTAL IMPACT ASSESSMENT REVIEW
0364-152X	ENVIRONMENTAL MANAGEMENT (NEW YORK)
1573-2959	ENVIRONMENTAL MONITORING AND ASSESSMENT (DORDRECHT. ONLINE)
0167-6369	ENVIRONMENTAL MONITORING AND ASSESSMENT (PRINT)
0269-7491	ENVIRONMENTAL POLLUTION (1987)
2050-7887	ENVIRONMENTAL SCIENCE: PROCESSES & IMPACTS

(continuação)

ISSN	Título
0272-7714	ESTUARINE, COASTAL AND SHELF SCIENCE (PRINT)
0378-1127	FOREST ECOLOGY AND MANAGEMENT
1540-9295	FRONTIERS IN ECOLOGY AND THE ENVIRONMENT (PRINT)
0016-7061	GEODERMA (AMSTERDAM)
1295-926X	GÉOGRAPHIE, ÉCONOMIE, SOCIÉTÉ
1749-8198	GEOGRAPHY COMPASS
0016-7606	GEOLOGICAL SOCIETY OF AMERICA BULLETIN
1957-777X	GEOMORPHOLOGIE
0169-555X	GEOMORPHOLOGY (AMSTERDAM)
0094-8276	GEOPHYSICAL RESEARCH LETTERS
2179-0892	GEOUSP: ESPAÇO E TEMPO
1414-7416	GEOUSP (USP)
1354-1013	GLOBAL CHANGE BIOLOGY (PRINT)
1466-822X	GLOBAL ECOLOGY AND BIOGEOGRAPHY (PRINT)
0959-3780	GLOBAL ENVIRONMENTAL CHANGE
0197-3975	HABITAT INTERNATIONAL
0338-487X	HÉRODOTE (PARIS)
0885-6087	HYDROLOGICAL PROCESSES (PRINT)
0262-6667	HYDROLOGICAL SCIENCES JOURNAL
1939-1404	IEEE JOURNAL OF SELECTED TOPICS IN APPLIED EARTH OBSERVATIONS AND REMOTE SENSING
0303-2434	INTERNATIONAL JOURNAL OF APPLIED EARTH OBSERVATION AND GEOINFORMATION

(continuação)

ISSN	Título
2212-4209	INTERNATIONAL JOURNAL OF DISASTER RISK REDUCTION
1478-9876	INTERNATIONAL JOURNAL OF ENVIRONMENT AND WASTE MANAGEMENT (PRINT)
1660-4601	INTERNATIONAL JOURNAL OF ENVIRONMENTAL RESEARCH AND PUBLIC HEALTH
1366-5901	INTERNATIONAL JOURNAL OF REMOTE SENSING (ONLINE)
0143-1161	INTERNATIONAL JOURNAL OF REMOTE SENSING (PRINT)
0188-4611	INVESTIGACIONES GEOGRÁFICAS - INSTITUTO DE GEOGRAFÍA. UNIVERSIDAD NACIONAL AUTÓNOMA DE MÉXICO
0926-9851	JOURNAL OF APPLIED GEOPHYSICS
0301-4797	JOURNAL OF ENVIRONMENTAL MANAGEMENT
0047-2425	JOURNAL OF ENVIRONMENTAL QUALITY
0148-0227	JOURNAL OF GEOPHYSICAL RESEARCH
0022-1694	JOURNAL OF HYDROLOGY (AMSTERDAM)
0921-2728	JOURNAL OF PALEOLIMNOLOGY
0743-0167	JOURNAL OF RURAL STUDIES
0267-8179	JQS. JOURNAL OF QUATERNARY SCIENCE (PRINT)
0921-2973	LANDSCAPE ECOLOGY
1612-510X	LANDSLIDES (BERLIN. PRINT)
0024-3590	LIMNOLOGY AND OCEANOGRAPHY
0025-3227	MARINE GEOLOGY (PRINT)
0308-597X	MARINE POLICY

(continuação)

ISSN	Título
0025-326X	MARINE POLLUTION BULLETIN
1984-2201	MERCATOR (FORTALEZA. ONLINE)
1561-8633	NATURAL HAZARDS AND EARTH SYSTEM SCIENCES (PRINT)
0921-030X	NATURAL HAZARDS (DORDRECHT)
1573-0840	NATURAL HAZARDS (DORDRECHT. ONLINE)
1758-6798	NATURE CLIMATE CHANGE
1758-678X	NATURE CLIMATE CHANGE
0028-0836	NATURE (LONDON)
2055-0278	NATURE PLANTS
1474-175X	NATURE REVIEWS. CANCER (PRINT)
0964-5691	OCEAN & COASTAL MANAGEMENT
1932-6203	PLOS ONE
1040-6182	QUATERNARY INTERNATIONAL
1436-3798	REGIONAL ENVIRONMENTAL CHANGE (PRINT)
2072-4292	REMOTE SENSING
0034-4257	REMOTE SENSING OF ENVIRONMENT
0960-1481	RENEWABLE ENERGY
1095-9203	SCIENCE (NEW YORK, N.Y.: ONLINE)
0048-9697	SCIENCE OF THE TOTAL ENVIRONMENT
2045-2322	SCIENTIFIC REPORTS
1464-9365	SOCIAL & CULTURAL GEOGRAPHY (PRINT)
0103-1570	SOCIEDADE & NATUREZA (UFU. IMPRESSO)
1982-4513	SOCIEDADE & NATUREZA (UFU. ONLINE)
0167-1987	SOIL & TILLAGE RESEARCH
0361-5995	SOIL SCIENCE SOCIETY OF AMERICA JOURNAL

(conclusão)

ISSN	Título
0266-0032	SOIL USE AND MANAGEMENT
0040-1951	TECTONOPHYSICS (AMSTERDAM)
1088-1697	THE JOURNAL OF SOLID WASTE TECHNOLOGY AND MANAGEMENT
0033-0124	THE PROFESSIONAL GEOGRAPHER
1434-4483	THEORETICAL AND APPLIED CLIMATOLOGY
0177-798X	THEORETICAL AND APPLIED CLIMATOLOGY
0143-6597	THIRD WORLD QUARTERLY (PRINT)
0042-0980	URBAN STUDIES (HARLOW. PRINT)
2073-4441	WATER
1573-2932	WATER, AIR AND SOIL POLLUTION (DORDRECHT. ONLINE)
0049-6979	WATER, AIR AND SOIL POLLUTION (PRINT)
0920-4741	WATER RESOURCES MANAGEMENT
0273-1223	WATER SCIENCE AND TECHNOLOGY

Fonte: PLATAFORMA SUCUPIRA. **Qualis Periódicos**. Disponível em: <https://sucupira.capes.gov.br/sucupira/public/consultas/coleta/veiculoPublicacaoQualis/listaConsultaGeralPeriodicos.jsf>. Acesso em: 21 jan. 2022.

Respostas

Capítulo 1

Atividades de autoavaliação

1. e

2. d

3. b

4. c

5. a

Capítulo 2

Atividades de autoavaliação

1. a

2. a

3. a

4. b

5. a

Capítulo 3

Atividades de autoavaliação

1. d

2. a

3. d

4. d

5. e

Capítulo 4

Atividades de autoavaliação

1. a

2. d

3. e

4. a

5. a

Capítulo 5

Atividades de autoavaliação

1. b

2. a

3. e

4. e

5. e

Capítulo 6

Atividades de autoavaliação

1. a
2. a
3. d
4. d
5. a

Sobre as autoras

Eloisa Maieski Antunes é doutora em Geografia Econômica pela Universidade Federal do Paraná (UFPR), mestre em Engenharia Urbana pela Universidade Estadual de Maringá (UEM) e graduada em Geografia pela UFPR e em Tecnologia Ambiental pela Universidade Tecnológica Federal do Paraná (UTFPR). Atuou como pesquisadora convidada na Université Sorbonne Paris 1, onde trabalhou com desenvolvimento de banco de dados de empresas multinacionais, análise econômica e de comércio internacional. Atualmente, tem cinco livros publicados na área de geografia e relações internacionais, tanto no Brasil quanto na Europa, assim como publicações em revistas científicas especializadas. É apaixonada por dados.

Larissa Warnavin é doutora, mestre, licenciada e bacharel em Geografia pela Universidade Federal do Paraná (UFPR). Foi pesquisadora convidada na Université Sorbonne Paris 1, no Grupo de Pesquisa em Epistemologia e História do Pensamento Geográfico, e realizou estágio doutoral na École de Hautes Études en Sciences Sociales. Atuou como professora na educação básica. Na atualidade, compõe o corpo docente da área de geociências do Centro Universitário Internacional Uninter. Tem experiência na área de hidrogeomorfologia, metodologia de pesquisa, abordagem socioambiental na geografia e epistemologia da geografia, com ênfase nas dinâmicas da questão ambiental. É apaixonada por métodos científicos.

Os papéis utilizados neste livro, certificados por instituições ambientais competentes, são recicláveis, provenientes de fontes renováveis e, portanto, um meio responsável e natural de informação e conhecimento.

FSC
www.fsc.org
MISTO
Papel | Apoiando o manejo florestal responsável
FSC® C103535

Impressão: Reproset
Agosto/2023